不動産サイクル理論
で読み解く

Strategies and Tactics for Real Estate Investment

不動産投資のプロフェッショナル戦術

住宅・不動産総合研究所　理事長
吉崎　誠二
Seiji Yoshizaki

日本実業出版社

はじめに

2019年春、ニューヨークマンハッタン5ストリートのキャビア専門店。出張中だった僕は、ニューヨーク郊外の不動産プロジェクトへの投資を検討するためにきていたある資産家の男性と夕食をともにしました。

彼は、大好物だというキャビアを食べ、白ワインを飲みながら話し始めます。

「吉崎さん、次の上昇サイクルはいつからかな？　専門家の意見が聞きたいな。大学を出て、ある程度の資金ができた2000年代半ばの好景気サイクルと今回のサイクルには上手く乗れたと思う。もう50を過ぎたから、年齢的に勝負をかけられるのは、次が最後かな。だから、しっかりと好機を逃さずに不動産を買いたいんだよね」

不動産投資でしっかり成果を出している投資家は、「不動産市況にはサイクルがある」ということを知っています。事実、日本において不動産価格には、明確なサイクルがあるのです。そして、それに基づき、素早い行動を起こします。

不動産関連ビジネスで大きく事業を拡大させている経営者は、不動産市況のサイクルを意識しながら経営戦略を練っています。

「これからは、仕掛け時だ」、あるいは「これからしばらくは、大きく動くのは止めて、じっくり様子を見よう」と、サイクルに乗る形で経営のかじ取りを行ないます。

個人投資家であれば、普段は賃料収入（インカムゲイン）でコツコツ収益を上げ、サイクル次第でチャンスがきたら、勝負に出て値上がり益（キャピタルゲイン）を狙いにいく、というのがスマートな不動産投資のイメージです。


つまり、不動産投資・不動産関連ビジネスで成功を収めるためには、2つのことを行なう必要があります。

1つ目は、「不動産のサイクルをつかむこと」、2つ目は、「それに基づき実践・行動すること」。「行動する」は、投資をメインに考えている方にとっては「不動産を買う・売る」ですし、ビジネスにおいては「経営戦略を練って活動し、営利を追求する」ということになります。

『人間における勝負の研究』（祥伝社、初版は1982年刊行）は、言わずと知れた棋士・米長邦雄先生の名著です。このなかに、時代の波に呑み込まれていくお父様の生き方を見て、「大きな波の前には一個人の力などでは、とても抗しきれない」とあります。そして、「大勢判断こそが最も大事」であり、「細部にとらわれずに、全体を見る」姿勢こそが、「許容範囲を大切にする姿勢を植え付けた」と述べられています。

この一節こそ、不動産関連ビジネス・不動産投資のあり方をよく表していると思います。


また、これは不動産だけにあてはまることではありません。

事業（産業）にはライフサイクルがあるとされています。ある産業が興って、「導入期」「成長期」「成熟期」「衰退期」の４つの順に進んでいくときにはＳ字カーブを描きます。各期の進み方（つまりＳ字カーブの上がり方、曲がり方）は異なるものの、その進み方は共通してＳ字曲線のようになるのです（近年は業種業界などにより、上がり方、曲がり方がどんどん速くなってきているといわれています）。

ベンチャーキャピタル（ＶＣ）などビジネスへの投資を行なう企業（あるいは個人投資家）は、今後成長しそうなベンチャー企業を探して投資を行なうわけですが、投資先候補はライフサイクルが「導入期」や「成長期前半」にある産業のなかで、「魅力ある企業」を選ぶことが王道だと思います。「これからきそうなビジネスを見極める」がまず先にあるわけです。株式投資でも、「これから成長しそうな会社」の株を買う。上昇サイクルに乗る可能性のある企業を選ぶことが、成功確率を高めることになります。


不動産の好景気が長く続いているなかで、「そろそろ悪化するのでは？」という声が広がってきています。しかし、レジュームチェンジ（局面の変化）が近いといわれているいまだからこそ、「不動産市況のサイクル」を知ったうえで、われわれ専門家が理解している「不動産投資の定石」を身につけ、不動産投資・不動産関連ビジネスを上手に行なっていただきたい。そう思ったことが、この本を執筆したきっかけです。

かつて私は、上場しているあるコンサルティング会社で15年超働いていましたが、そのほとんどの期間、住宅や不動産関連企業へのアドバイザリー業務を行なっていました。

コンサルティングの現場において、クライアント企業へ「こうした戦略・戦術をとるといいのではないでしょうか？」という提言の論拠となることを示すのは、そう簡単ではありません。

コンサルティングを行なう際には、「3C（市況・競合・自社）分析からスタートして……」という経営戦略を考える際のフレームワークに基づいて分析するのが一般的です。また、たとえば、「母集団の大きいアンケート調査を行なう」ことで、「顧客、あるいは顧客になって欲しい方は、こうしたことを考えている」ことを示すこともあります。

しかし、これらの分析（つまり、論拠）は、「いま、どうなのか？」を分析するものであって、「これから、どうなるのか」は、これだけでは見えてきません。Apple製品の開発例などを見てもわかるように、「新しいイノベーションの芽は、現状分析だけではわからない」ということです。

必要なことは、「この先、市況はこうなりそうだから、それを先読みして、顧客が求めるサービス（商品）を開発する」ということなのだと思います。

こうして考えると、コンサルティング業務を行なっていた頃から、企業経営を考えるときに、スタートは「現状分析」を行ないますが、と同時に「市況予測」あるいは「時流予測」を行なう必要があると思っていました。とくに、市況の影響を受けやすい住宅・不動産市況では、必須だと思っています。そんなこともあり、そのコンサルティング会社のなかに、各種データを集めて分析するシンクタンク部門（基礎研究・市況予測・時流予測が主な業務）を創設して、兼務責任者となりました。

その会社を退社して、現在に至りますが、行なっている業務（シンクタンク&経営コンサルティング）は変わりません。また、不動産を所有している事業会社向けに、企業コンサルティングに加えて不動産投資・不動産活用のアドバイスも行なっています。もちろん、自分でも不動産投資（自宅・賃貸用）も行なっています。これら、すべてのキーワードは、「市況の分析と予測」です。

本書は、こうした経験を踏まえて、われわれ専門家が、何を考えて、どんなデータを分析しているのか、そしてそれを、「どう不動産投資や不動産関連ビジネスで活用しているのか」について、まとめたものになります。書店に行くと、多数のいわゆる「大家さん本」があり、そこには、「大家さんとして、どう儲けるか」の具体策が書いてあります。本書は、それらとは異なり、「不動産投資」の本質について書いています。なんらかの不動産投資を行なっている方、これから始めようとされている方に、「体系立てて、不動産投資の本質」を知っていただきたいと思って書いたものです。

本書の構成は以下のようになっています。

まず第1章では、不動産投資と不動産関連ビジネスにとって最も重要なポイントである不動産価格の特性、不動産市況のサイクルについてお伝えします。

第2章では、不動産市況のサイクルを見極めるのに不可欠な正しい状況判断をするための、情報との接し方、多くの人がどうして事実を正確につかむことができないのかという情報ギャップについて考えます。

第3章では、不動産投資・不動産関連ビジネスで成功するための考え方と、不動産投資の種類や注意点について説明します。

第4章では、第3章を一歩進めて「スマートな不動産投資で成功する方法」をお伝えします。

第5章では、不動産投資・不動産関連ビジネスに大きな影響を及ぼす、いまみなさんが最も注目しているであろう「人口減少下における住宅需要」について分析します。

第6章では、誰もがかかわるであろう自宅不動産（実需不動産）の買い方（これも不動産投資といえます）について、不動産サイクル理論も考慮した賢い購入や売却の方法をお伝えします。

第7章では、不動産市況のサイクルを踏まえながら、現在の市況分析と2025年までの不動産市況の見通しを分析します

そして第8章では、不動産市況のサイクルを見極めるために、氾濫する情報に惑わされることなく正しく実情をつかむことができるよう、データの具体的な入手法、各データの特徴、読みこなし方について説明します。

本書の内容の一部には、本来は大学での研究やシンクタンクの専門家が扱うような事項もありますが、データの分析や用語の使い方については、できるかぎり一般の方にわかりやすく説明するようにしています。また、第8章について書けばそれだけで1冊分の分量になってしまいますから、必要十分なものをピックアップするに留めました。

本書を読み終えた後は、みなさまの不動産投資・不動産関連ビジネスへのスタンスがスマートになり、成功の可能性が飛躍的に高まると思います。本書がみなさまのお役に立つのであれば、著者としてそれに勝る喜びはありません。

二〇二〇年二月

吉崎　誠二

第2章

メディアに流されない正しい不動産市況の読み解き方

第4章

不動産サイクル理論をベースにした「スマートな不動産投資」の方法

第5章 人口減少下での住宅・賃貸住宅の需要はどうなるのか？

第6章

論理的に考える賢い自宅不動産の選び方・買い方

第7章

2020年から2025年までの不動産市況予測

第8章

不動産市況を読み解くためのデータ

装丁・DTP　村上顕一

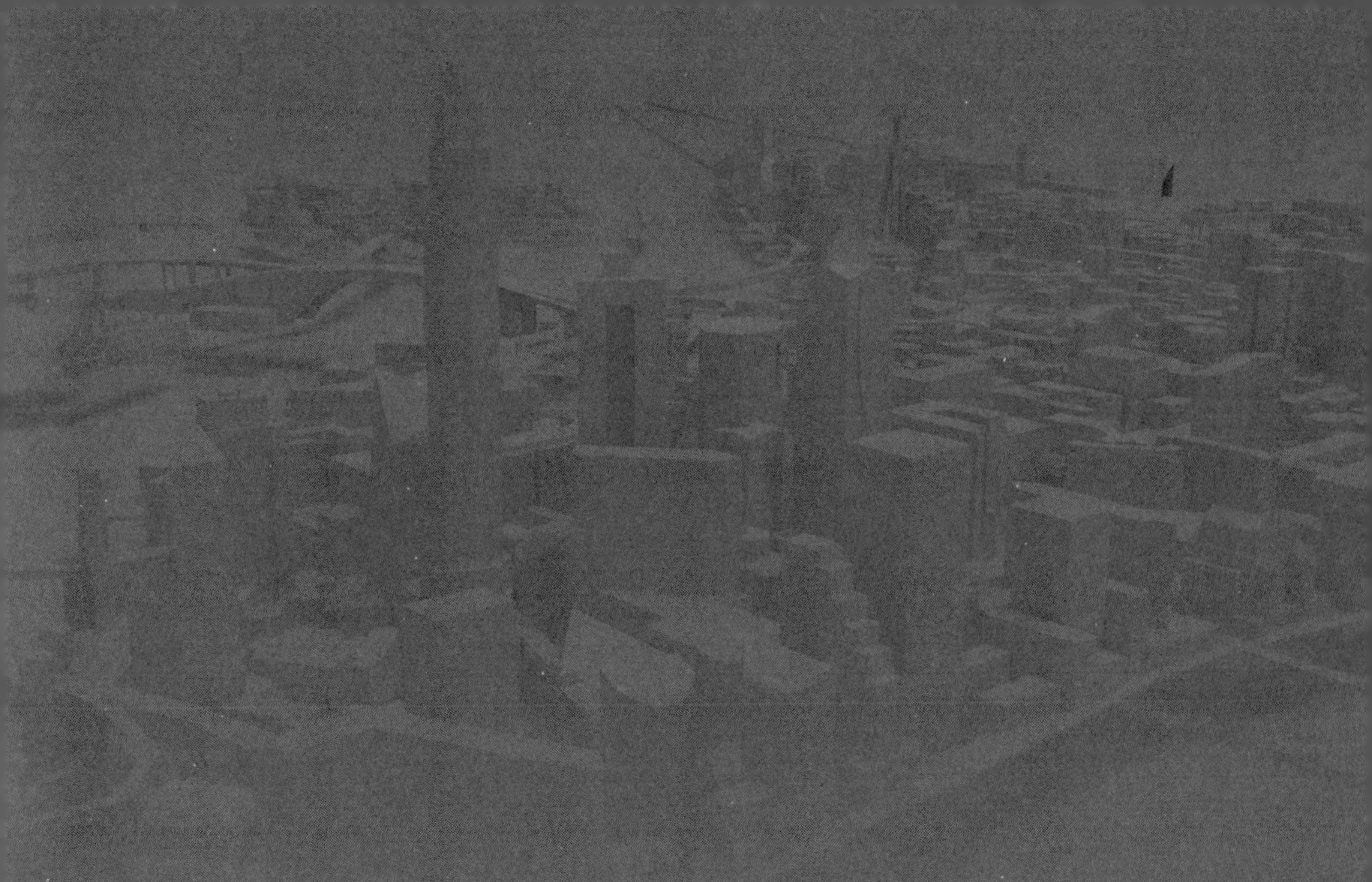

第 1 章

不動産価格の特性と不動産サイクル理論

Strategies and Tactics for Real Estate Investment

サイクルを知れば不動産投資が上手くいく

不動産の価値とは、何でしょうか？

不動産から得られる効用は、いうまでもなく利用者・所有者の思いで決まります。しかし、不動産を売買したり、資産の量を考えたりするときには、価値の尺度として「不動産価格」が必要となります。

不動産に投資する、自宅を購入する（もちろんこれも不動産投資です）、不動産関連ビジネスを行なう――。この際、「投資すべきか否か」「高いか安いか」「どれくらいの売上を上げたか」などは、すべて価格がベースとなります。そこで、「不動産価格はどう決まるのか」について、まず第1章で考えます。

また、日本において、その不動産価格には明確なサイクルがあります。

不動産の市況にサイクルがあるとわかれば、それに上手く乗れば不動産投資（不動産購入）において、成功（得）をし、逆にサイクル的にタイミングが悪ければ、失敗（損）をするということがわかります。

投資の成功、不動産会社においては事業の成功の可否は、不動産の価格の仕組みを知り、こうしたサイクルを上手く読み解けるかどうか、つまり不動産市況の分析が上手くできるかどうかが大きなカギとなります（もちろん、市況が読めても、アクションを起こさないと上手くはいきません）。

本書はまず、こうしたことからスタートしていくことにします。

SECTION
1-1

不動産の価格について

不動産の価格の特性

不動産といっても、実際にはそこにある「モノ」ですから、他のモノやサービスと同様に需要と供給のバランス（一致点＝交点）で価格が決まります。しかし、不動産には同じものが2つとありません。そして、同じく資産である株式などと違って、取引所のようなものがありません。売り手・買い手は、業者（ディベロッパーなど）の場合もあれば、個人の場合もありますが、いずれにせよ、両者のあいだでは1対1の**相対取引**《あいたい》が行なわれます。

不動産には**相場価格**（かつては、業者のみが知りえた相場価格ですが、最近ではネットでも簡単に調べることができます）というものがありますが、実際の取引は相対のため、「どうしても欲しい」という方がいれば相場よりも高くなりますし、その逆に低くなることもあります。
まずはこの相対取引の特性を頭に入れておいてください。

3つの価格の決まり方

不動産の基本は**相対取引**とはいえ、売買が成立するためには、まず売る側が、売りたい価格（公募価格、募集価格、売り出し価格などと呼びます）を提示しなければなりません。もちろん、人気のある中古マンションなどで、「○○○○万円くらいで買いたい」と仲介会社を通じて売却物件を求める場合もありますが、一般的には売る側がひとまず価格を決めて、それに対して買い手が「これくらいで買いたい」と希望価格（**指値**といいます）を伝えて、価格調整を行なって成立することになります。

しかし、この売り出し価格を決めるに際して、適性な、つまりある程度の「買ってくれそうな」価格を算出しなければ、的外れの金額となって、高い場合は買い手がつかなくなります（逆に安すぎると損をすることになります）。

では、この売り出し価格をどう決めればいいのでしょうか。不動産価格を求めるための代表的な方法は、不動産鑑定の理論に基づくと、①**原価法**、②**取引事例法**、③**収益還元法**の3つとされています。

1つ目の原価法は、費用を積算する方法です。ここでは、不動産鑑定における原価法とは少し異な

ります が、概略を説明します。この方法は新築物件などを例にとるとイメージしやすくなります。新築の場合、まず建物を建てるための土地を購入し、建物を建てるのに必要なコンクリート、鉄骨などの原材料を揃え、建設会社が建て、でき上がったものを販売するために広告などプロモーションを行ないます。その結果、土地代や原材料費、人件費、販売促進費といったものが原価になり、それにデベロッパー・販売会社（別会社の場合）が利益をのせます。さらに、これに市場性が加わってプラスマイナスされて、売り出し価格となります。

たとえば100戸の部屋があって、土地代を含めた総工事費に加えて販売促進費などの合計（＝原価）が10億円だったとしましょう。1戸当たりの原価は1000万円です。

これに市場性を加味するわけですが、そのやり方を大雑把にいうと、たとえば不動産市況が好調であれば原価に利益幅を20％上乗せして1200万円で売り出す、逆に不動産市況が悪くて売れ残る恐れがある場合は、利益幅を15％に下げて1150万円で売り出す、といったものです。

とはいえ、最終的な売り出し価格には当然、類似した物件の相場というものが反映されますから、そこから逆算して原価が適正な範囲に収まるように、土地の仕入れや建物の仕様、工事費をコントロールすることがデベロッパーには求められます。

これに対して中古物件の場合は2つ目の取引事例法が一般的で、文字どおり取引事例に基づいて価格を決めます。中古マンションならば、成約時期の近い取引事例を、同じマンション、あるいは近隣のマンションなどからピックアップして、時点・立地・広さ・階数などによる価格調整を行なうことで算出します。

たとえばAさんが赤坂にマンションを持っていたとします。10階建てで、702号室です。ある日、その下の階の602号室に住んでいたBさんが、その部屋を1000万円で売却しました。この場合、Aさんの部屋を売却するのであれば、「6階が1000万円で売れたのだから、1階上がった分だけ値段を少し高めに設定して、1020万円で売却しよう」というように、成約事例に基づきおおむねの価格の検討をつけて、その後調整して売り出し価格を決めます。

投資として賃料収入を期待して購入する場合などでは、利回りから逆算して価格を決める方法もあります。これが3つ目の収益還元法です。

たとえば赤坂のワンルームマンションで賃料が月10万円の物件があるとします。ということは12か月（1年）で120万円の賃料になります。期待する利回りが4％だとすれば、120万円から逆算して計算すると、

120万円÷0・04＝3000万円

となります。

通常、投資用物件の場合は、たいてい利回りをベースにして値決めをします。取引事例に基づいて価格を決めようとすると、同じようなケースを探さなければなりませんが、投資用の物件は実需用物件に比べて少ないため、実際の不動産取引の現場においてはむずかしくなります。

たとえば、自分がいま働いているオフィスビルとほぼ同じ条件のビルを探してくださいといわれても、なかなか見つけることはできないと思います。不動産物件というのは、まさに一つ一つが世の中に1つしかない商品なので、取引事例だけで値決めするのはそう簡単ではないと思います。

マンションの場合は、同じマンションの別の部屋の取引事例を探すことができるケースもありますが、マンションでも1棟丸ごとの取引になると、取引事例よりも利回りからの逆算で価格を決めるのが通例です。

4つの土地価格

ここまで、実際の不動産取引の現場で「基準となる価格」の算出方法の概要について説明しました。しかし、私有が認められているものの公性の強い「土地」については、基準（正確には規準と書きます）となる価格が公的機関から示されています。それが、「地価」です。

ご存知の方も多いと思いますが、「地価」には4種類あります。**公示地価、基準地価、路線価、**そして**固定資産税評価額**です。そのため、不動産価格は「一物四価」といわれています。

なぜひとつの土地に対して4つもの価格があるのかというと、それぞれ示された地価の利用目的が異なることが主たる理由ですが、細かくいえば、加えてそれぞれ調査を実施している調査主体、価格を調査する時点も異なっています。

具体的には、次のようになります。

・公示地価……基準日は1月1日、国土交通省
・基準地価……基準日は7月1日、各都道府県
・路線価……基準日は1月1日、国税庁
・固定資産税評価額……基準日は1月1日、区市町村

公示地価は、国土交通省が地価公示法に基づき、その年の1月1日時点の地価を毎年1回3月下旬に発表するもので、主に土地の取引の際の規準となるものです。また、後述する各種の地価の基本となるものです。公示地価は、「地価公示　国土交通省」と入力すれば簡単に検索できます。

基準地価は、7月1日を価格時点とし、各都道府県が主体となって不動産鑑定士が評価した土地価格を国土交通省が取りまとめて発表されるものです。基準地価は民間企業などが土地取引をする際の

指標とされています。

公示地価と基準地価はともに、一般取引の基準になる地価ですが、価格時点が異なるだけでなく、動きも微妙に異なります。また、基準地価と公示地価は、価格時点がちょうど半年異なりますので、中間期のデータと見ることもできます。

自ら所有する土地において土地活用をされる方たちには、相続税や贈与税は、関心の高いことだと思います。これらの税の基準となるのが路線価です。基準日は1月1日で国税庁が主体です。路線価は国税庁が公表しているデータ「財産評価基準書　路線価図・評価倍率表」から検索できます。

固定資産税評価額は、不動産を所有する方が支払う固定資産税の基準となる不動産価格です（3年ごとに見直されます）。資産評価システム研究センターのサイトでは、これらの地価が同じサイト内で検索できて便利です。

バブルから現在までの不動産市況を俯瞰する

次ページ**図表1－1**は1983年から2019年までの主要大都市の公示地価の推移です。全体を見ると、1980年代半ばからのバブル期がいかにすごかったのかがよくわかります。また、1991年頃から数年間は毎年、暴落といっていいくらい（数十％）の下落率を記録しますが、199

4年頃には、下げは続くものの下げ幅がおさまってきます。

その後、現在までに、不動産市況が盛り上がったことが3回ありました。

1回目は、**ＩＴバブル**と呼ばれた頃（2000～2001年）で、大都市圏を中心に不動産価格が少し上昇します。公示地価は2001年にピークとなりますが、価格上昇幅は少なく地域も限定的でした。とはいえ、バブル崩壊からその後金融機関などが倒産・統合を繰り返していた時期でしたから、このときの市況の盛り上がりは、今後の可能性を感じさせることができました。

ただ、バブルの膿はまだ出きっていませんでした。2000年代前半は、小泉首相の経済・金融の参謀格だった竹中平蔵氏らの改革により、

図表1-1　公示地価の推移

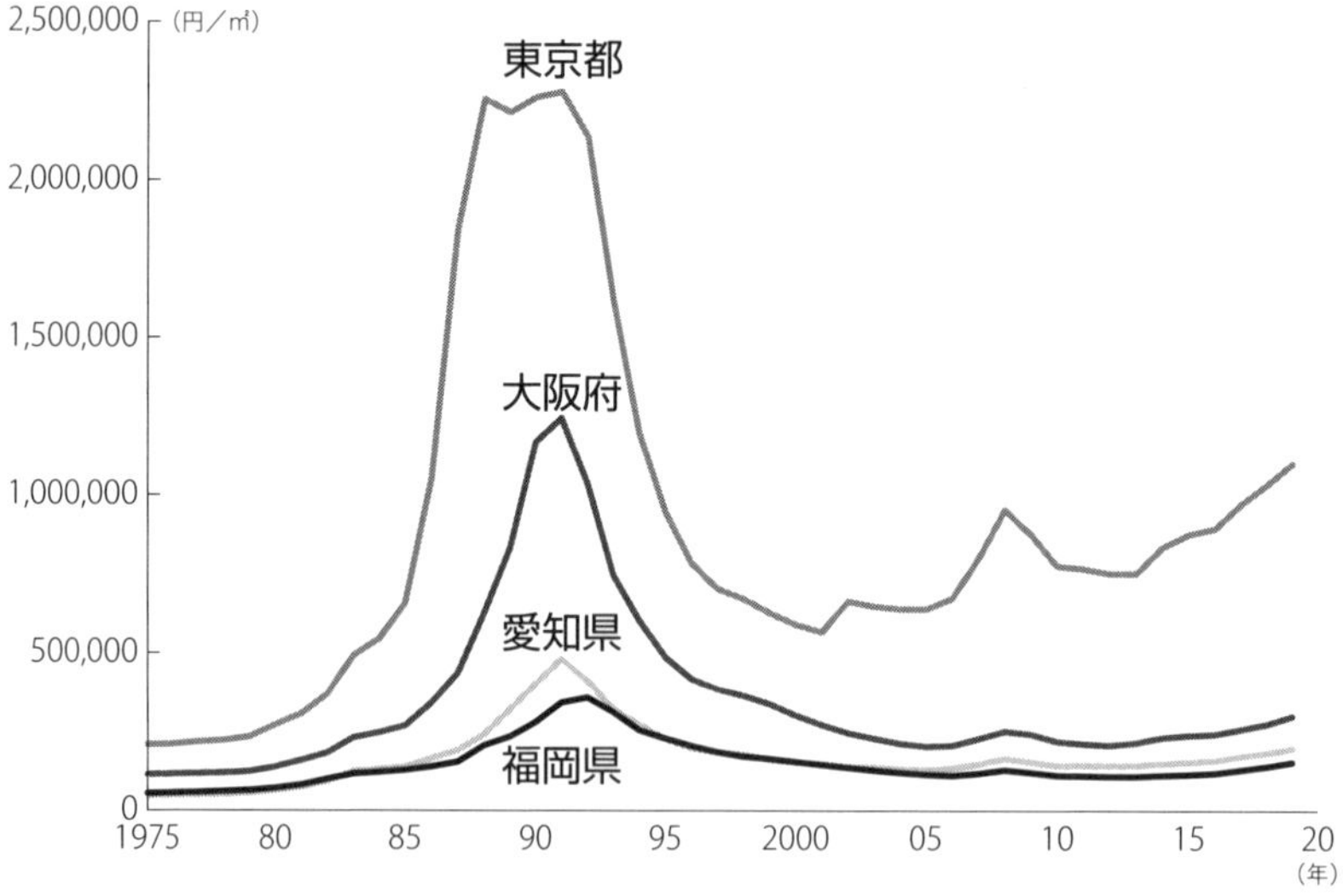

出所：国土交通省「地価公示」より作成

バブル崩壊からの立ち直りの最終局面だったといえると思います。大きな痛みを伴う改革といわれたとおりで、不動産市況の勢いはすぐに止まり、その後再び下降局面になりました。

その甲斐あってか、日本経済・日本の不動産市況は正常軌道になったようで、ミニバブル期（2005～2008年）に突入します。また、2001年からスタートしたJ－REITをはじめとした不動産証券化、不動産ファンドが広く認知され、こうしたスキームを通じて多くのお金が国内不動産に流れ込んだことも価格上昇の要因でした。**ミニバブル**の期間は、公示地価ベースでは2008年がピークでしたので、おおむね3年でしたが、大都市部での価格上昇は毎年10%近くにもなり、大きな上昇の波でした。ちょうど、ITバブルのピークから7年目でした。

しかし、その勢いは欧米で起こったショック（日本では、リーマンショックと呼ばれます）が発端となり、大きく落ち込み、不動産関連業界でも倒産や事業再生を余儀なくされる企業が出ました。

世界の先進国の多くを巻き込んだ、このショックを回復させようと、アメリカ・EUなどは、大胆な金融緩和政策を実施し、いち早く経済が回復しました。しかし日本は、「大胆な政策導入は、批判の対象となりかねない」国ですから、当時の自民党政権は民主党（当時）が勢いを増すなか、基盤が盤石でなかったこともあって、大胆な政策は行なわれず、回復は大幅に遅れてしまいます。

しかしその後、不動産市況サイクルの流れもあり（これについては後述します）、2012年秋頃から上昇基調の芽が出始めます。そんなさなか、2012年12月26日に自民党が再び政権の座につきます。

そして、2013年春には日銀の総裁が交代。政府の政策（通称：アベノミクス）と歩調を合わせる金融政策を行ないます。大胆な**金融緩和政策**、つまり低金利に誘導し投資を促す政策です。これにより「上昇基調の芽が少しずつ出ていた」不動産市況は、一気に上昇ムードになり、価格が上昇し始めます。

そして執筆時の現在（2020年年初）まで好調な不動産市況は続いています。現在まで約7年間も好調気が続いていますから、たしかに長く続いていますが、上昇幅は、バブル期はいうに及ばず、ミニバブル期よりも低い水準です。

今回の好況期間には名前がついていませんが、不動産市況においては「長期間、緩やかに上昇した景気」というのが大きな特徴だといえます。

SECTION
1-2

不動産市況のサイクル

サイクルとは何か（サイクルとトレンドの違い）

本書のタイトルにもなっている「サイクル」ですが、読者のみなさまは、「サイクル」について、どんなイメージを持っているでしょうか。

「**サイクル**」は、「循環」という意味で、「繰り返し」のイメージです。上がったり下がったりで、**図表1－2**のようにきれいな曲線ができることはほとんどありませんが、株価や不動産価格、あるいは投資の伸び率……という数字ではっきり示されているのサイクルもあれば、市況感という「感覚値」のサイクルも考えられます。有名なものとして、建設投資が増えたり減ったりする19年間隔のクズネッツサイクルなどがあります。

「**トレンド**」は「傾向」、つまり「その方向へ向かう」イメージです。図表1－2のように完全な直

図表1-2　サイクルとトレンドのイメージ

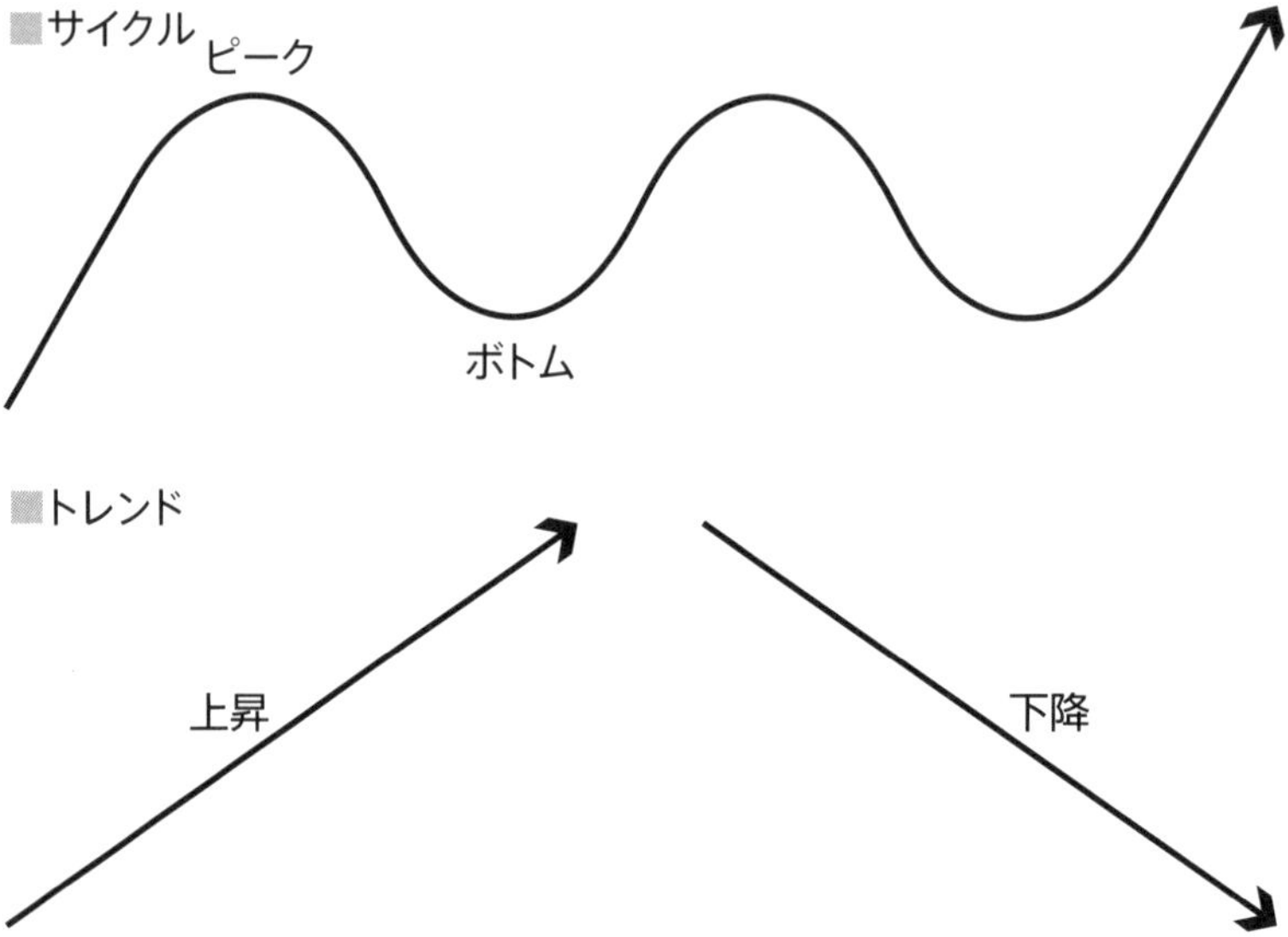

図表1-3　サイクルとトレンドが合わさると……

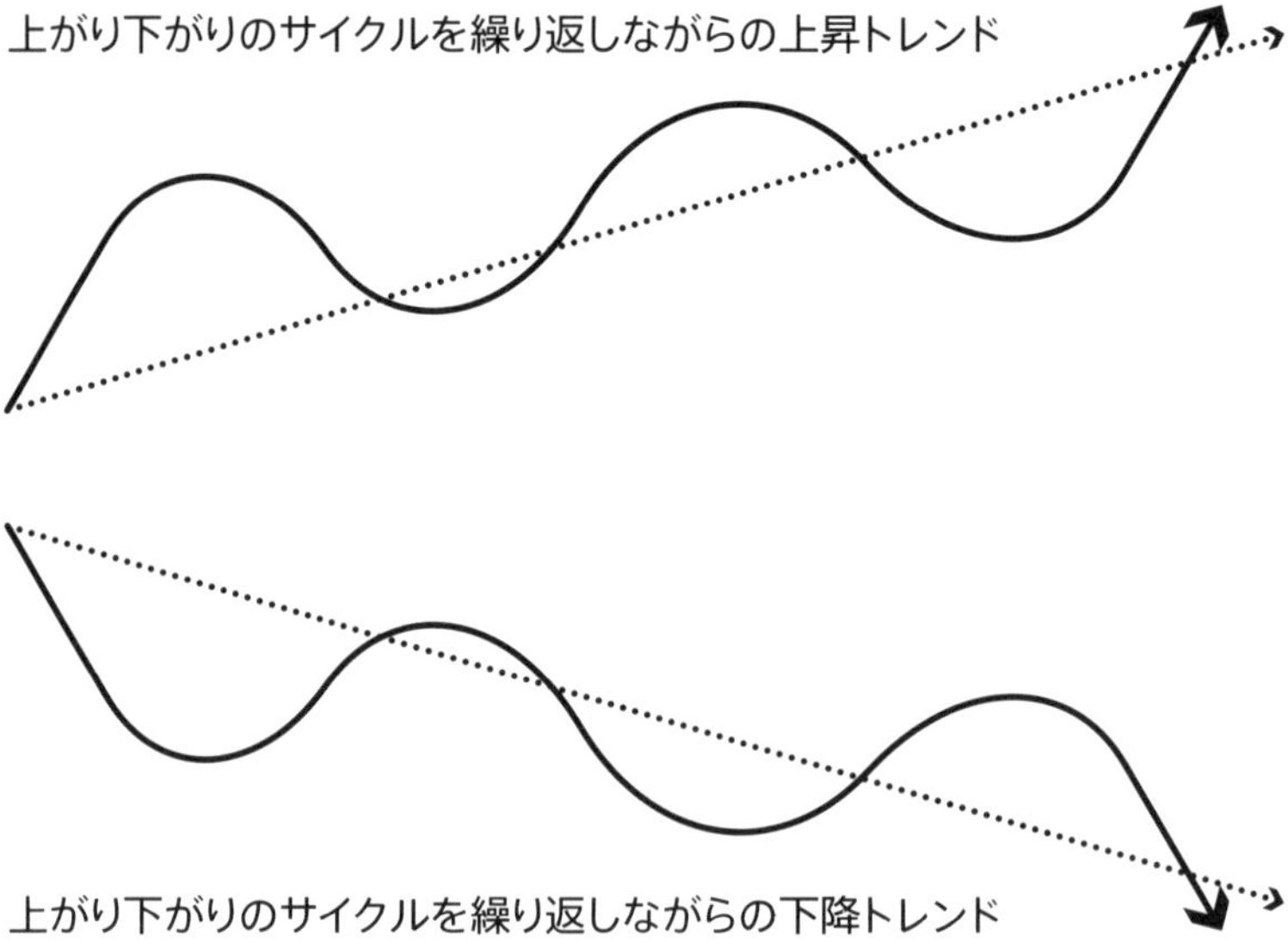

線ではなく、多少の上下はあるかもしれませんが、行ったり来たりしない、ONEWAYな感覚です。リーマンショック後のアメリカ株などを見ていると、おおむね直線で引けるように上昇しています。

現実的には、たとえば世界の株式市場をみていると、「上がり下がりのサイクルを繰り返しながら、トレンドとしては上昇基調（あるいは下落基調）にある」というような動きとなります（図表１－３）。

転換点の「予兆」はわかる

図表１－１で示したように、これまで日本においては、１９９０年頃まではおおむね右肩上がりで不動産価格は上昇していました。そのため「不動産は必ず値上がりする」ものとしてとらえられていました。それが１９９０年頃をピークに大きく下がりました。このときは、バブル期に急激に上昇した不動産価格がその反動で大きく下がった、つまり、大きな価格調整が起こっており、落ち着きを取り戻せば再びゆるやかな上昇基調になるものと思われていました。

しかし、その後は先ほど述べたように、２０００～２００１年のＩＴバブル期、２００５～２００８年頃のミニバブル期に上昇がみられたものの、それぞれピークを過ぎた後は下落することになりました。

こうした経験から、不動産価格は、「上がるペースに差があれども、上昇する」という考え方から、

「サイクルがあって、価格が上昇するとその後、価格調整により値下がりする」という考え方へと変わりました。本書の執筆時（2020年年初）では、日本の不動産価格は好調ですが、いま述べた考え方からすると、「上昇が続いているけれど、そのうち下がるかもしれない」という思いが充満しています。

アメリカの主要都市やロンドンなどでは、かつての日本のように、いまでも「不動産価格は上昇を続けるもの」との認識が強いようです。これは株式市場においても同様で、「基本的に株価は上昇を続ける」という認識で、もしも下がるとすれば、リーマンショックやブラックマンデーのように、大きなショックに伴って下がるというパターンです。

一方、日本では株式市場についても、「いまはいいけれども、いつか下がるかもしれない」という、いわば〝サイクルで動く〟というイメージを持つ方が多く、バブル崩壊以降は実際にそうなっています。

こうしたある種のサイクルはなぜ発生するのかを、数式などを使って経済学的に説明するのはむずかしいといわれています。加えて、そのサイクルにおける転換点は、その最中にはわからず、後になって「あのときが転換点だった」と認識できるものです。当然、**転換点**を事前に予測できるものでもありません。

1980年代後半のバブル期や2005年から数年間のミニバブル期の最中も、後から分析して

「あの頃が転換点だった」という時期に、「いまが転換点だ」と認識できていた業界の方は少なかったと思います。

ちなみに、近年もそうですが、かつてバブル期と呼ばれていた2回とも、都市部で始まる地価や不動産価格の上昇は、遅れて地方都市へ波及していきます。したがって、「都市部ではすでに横ばいからやや下落基調にあるなかで、地方都市は急激な上昇を続けており、日本全体でみればまだ上昇中にある」といった場合では、不動産市況は「まだ、好調」とされます（次ページ図表1－4、図表1－5）。

しかし、日本における不動産市況のサイクルでは、転換点の「予兆」は感じとることができます。論理的にサイクルを説明する方法はなくても、業界内のプレイヤーの方々の「そろそろ（上がる・下がる）ムード」は感じることはでき、そのムードは、あるトリガーが引かれたとき（たとえば、金利が上がった・下がった、災害が起こった、急な円高・円安になった……）に、現実のものとなります。

不動産価格にとってサイクルとともに重要な要素は、需給バランスの観点です。不動産も経済学でいう「財」になりますので、価格は需給バランスで決まります。

供給が多くなると価格は下がり、需要が増えると価格は上がります。その観点からいえば、現在の東京では新築マンションの供給がそれほど多くないため、新築マンション価格は、（とりわけ好立地物件については）今後も高止まりすると思われます（価格の高止まりには原価が上がっているという要因もあります）。

図表1-4　公示地価（住宅地）の増減率

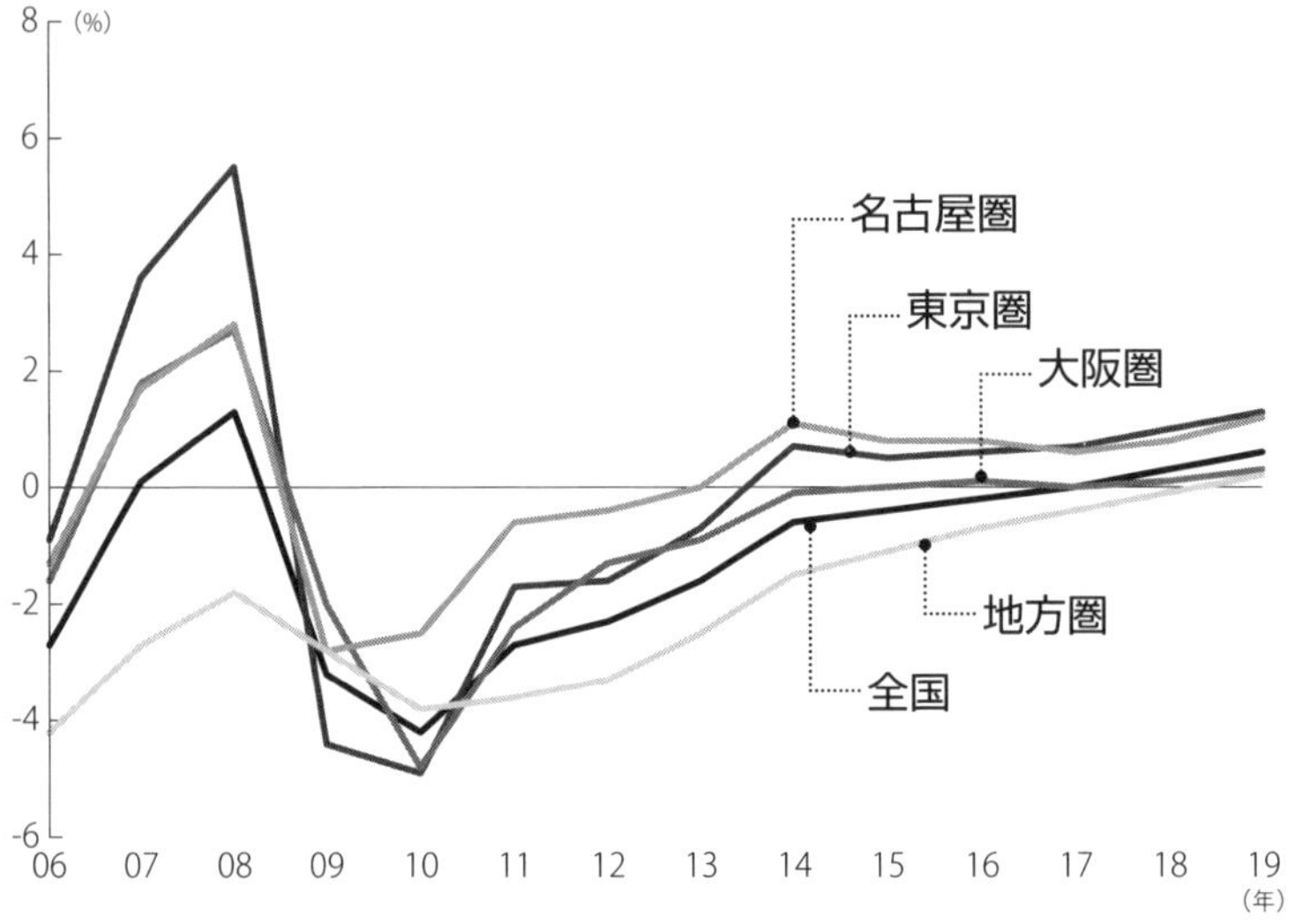

出所：国土交通省「地価公示」より作成

図表1-5　公示地価（商業地）の増減率

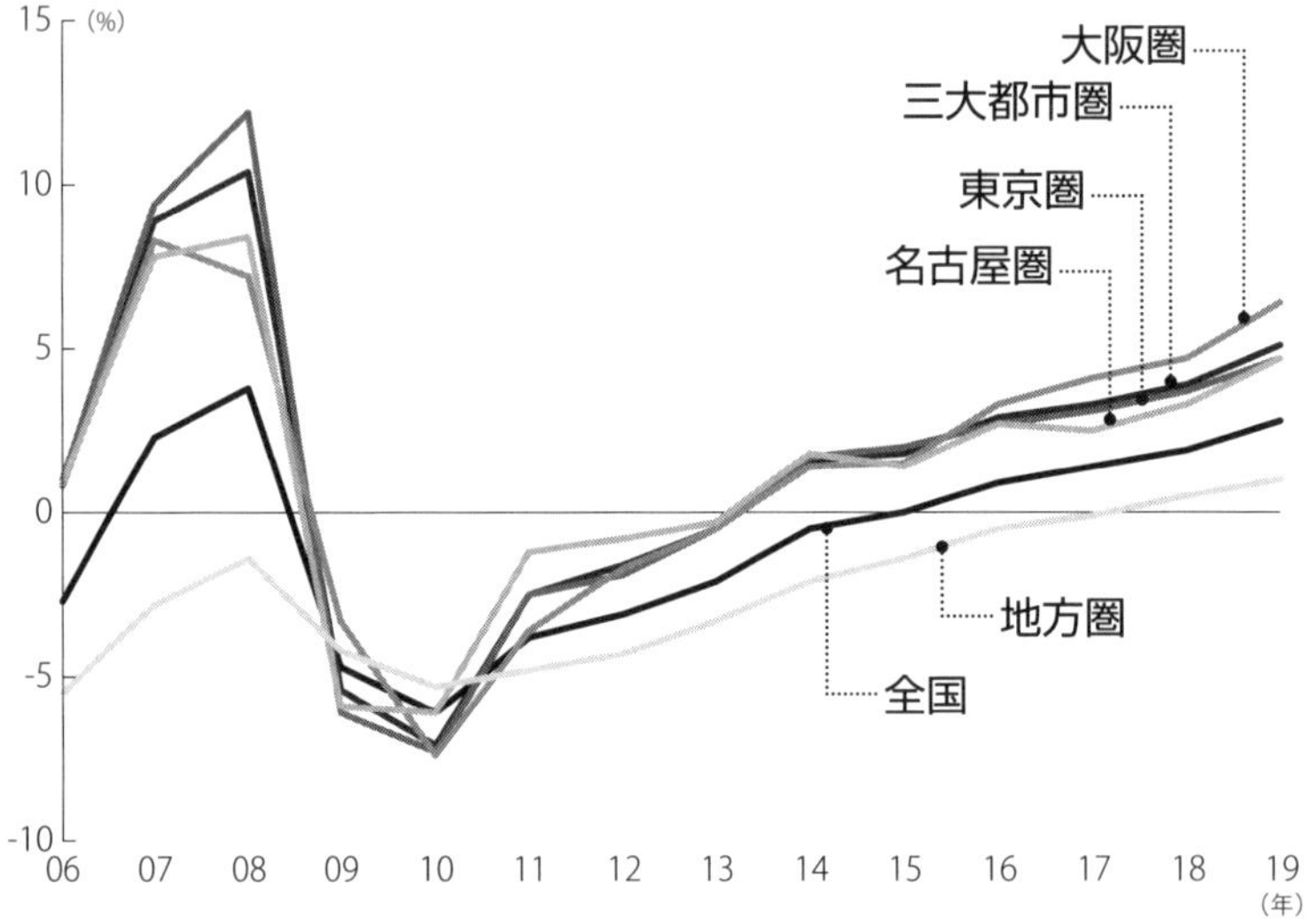

出所：国土交通省「地価公示」より作成

不動産サイクルは、タイムラグとムードが生む

サイクルがなぜ発生するのかを、「数式などを使って経済学的に説明することはむずかしい」と先ほど述べました。しかし、需給のバランスという観点から、「不動産サイクルは、こういう順序で進んでいく」ということは、説明ができます。キーワードは、「ムードと建物完成のタイムラグ」、そして「建物ストックの積み上げ」にあると思います。

不動産サイクルが起こるメカニズムについて、サイクルにおける下落期をスタートにして、以下説明をしていきます。この説明スタイルは、アメリカの著名な株式投資家ハワード・マークス氏の著書『MASTERING THE MARKET CYCLE』のなかの一節にあるものを参考にして、日本で起こっているパターンを加味し、新たに作成したものです。次ページ**図表1－6**を見ながら読み進めてください。

① 不況期に入り、不動産建設投資が鈍くなる、ムードが悪化し資金調達もむずかしくなる
その間も需要は少なからずあるが、購買意欲は鈍い　↓　需要が溜まる

② 景気が少しずつ改善し始める　↓　改善ムードができはじめる　↓　需要が顕在化し始める

③ 景気が良くなってから、新規計画が進められるため、この頃は新規物件が少ない

① 不況期に入り、不動産建設投資が鈍くなる、ムードが悪化し資金調達もむずかしくなる
その間も需要は少なからずあるが、購買意欲は鈍い。→需要が溜まる

② 景気が少しずつ改善し始める→改善ムードができはじめる→需要が顕在化し始める

③ 景気が良くなってから、新規計画が進められるため、この頃は新規物件が少ない
しかし、需要が高くなってきているので、需給バランスにおいて需要が勝ち、価格が上がる。また、賃料も上がり始める（オフィス賃料などで顕著、住居賃料は遅れる）

④ 価格上昇、そして今後の価格上昇予測により、デベロッパーは、開発意欲が高まる

⑤ 好景気感、今後の上昇イメージのなかで、資金調達が楽になる（金融機関が融資に積極的になる）

⑥ 資金調達コスト低下により、新規計画の予想収益が良くなる→デベロッパーは一層、新規開発・投資意欲が増す

⑦ デベロッパー・金融機関……など不動産で収益を上げたいプレイヤーのあいだに楽観ムードが広がり着工件数が増える

⑧ 初期（③の頃）の開発案件が完成し、販売あるいは賃貸で即完状態になり、大きな収益を上げる→（①、②の頃に溜まった需要が飛びつく）

⑨ ⑧を受けて、さらに開発に意欲が増す（イケイケムードが蔓延する）

⑩ ⑨が実施されて各地に新規案件で進められる。開発適地の奪い合いで地価の上昇に勢いがつく（⑦の頃よりも⑨の頃のほうが、案件が増える）

⑪ ⑨の案件の着工が始まる

⑫ これらの物件（⑨～⑪）が竣工するまでには2～3年かかるが、その間に初期～中期にかけて着工した物件が完成し始め、旺盛な需要をとりこんでいく

⑬ ⑪の物件が竣工し始めた頃には、供給と需要のバランスが崩れ始めている
好調期後半に建てられた物件が竣工に近くなる頃には、価格下落が見え始める

⑭ 不況期ムードがひろまり、新規開発が減り、また融資も厳しくなる

図表1-6　不動産サイクルが起こるメカニズム

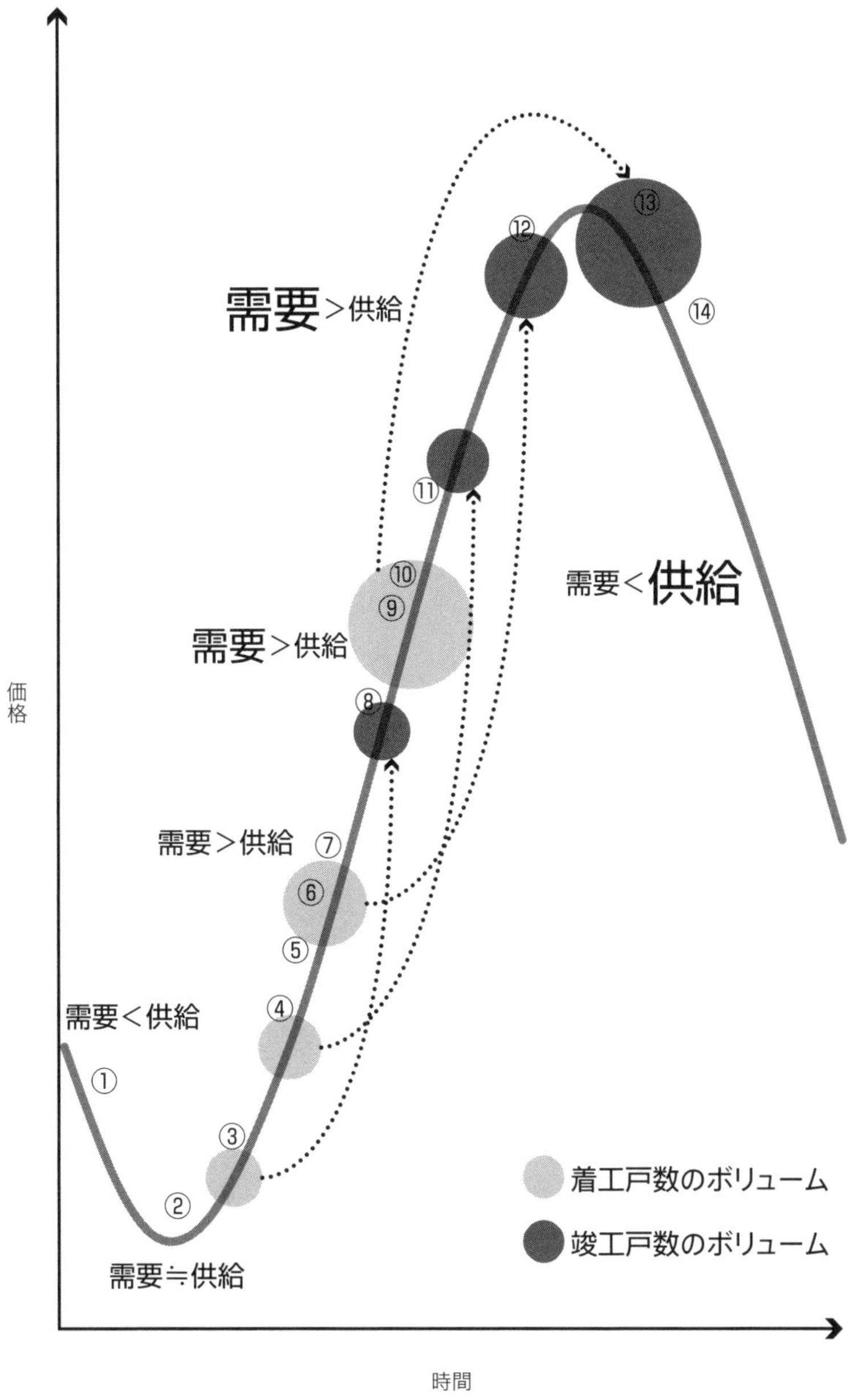

④ しかし、需要が高くなってきているので、需給バランスにおいて需要が勝ち、価格が上がる。また、賃料も上がり始める（オフィス賃料などで顕著、住居賃料は遅れる）

⑤ 価格上昇、そして今後の価格上昇予測により、デベロッパーは、開発意欲が高まる

⑥ 好景気感、今後の上昇イメージのなかで、資金調達が楽になる（金融機関が融資に積極的になる）

⑦ 資金調達コスト低下により、新規計画の予想収益が良くなる　↓　デベロッパーは一層、新規開発・投資意欲が増す

⑧ デベロッパー・金融機関……など不動産で収益を上げたいプレイヤーのあいだに楽観ムードが広がり着工件数が増える

⑨ 初期（③の頃）の開発案件が完成し、販売あるいは賃貸で即完状態になり、大きな収益を上げる　↓　（①、②の頃に溜まった需要が飛びつく）

⑩ ⑧を受けて、さらに開発に意欲が増す（イケイケムードが蔓延する）

⑪ ⑨が実施されて各地に新規案件で進められる。開発適地の奪い合いで地価の上昇に勢いがつく（⑦の頃よりも⑨の頃のほうが、案件が増える）

⑫ ⑨の案件の着工が始まる

これらの物件（⑨～⑪）が竣工するまでには2～3年かかるが、その間に初期～中期にかけて着工した物件が完成し始め、旺盛な需要をとりこんでいく

⑬ ⑪の物件が竣工し始めた頃には、供給と需要のバランスが崩れ始めている

⑭ 好調期後半に建てられた物件が竣工に近くなる頃には、価格下落が見え始める

⑮ 不況期ムードがひろまり、新規開発が減り、また融資も厳しくなる

追記すれば、下り坂期間には、以下のようなことが見られます。

建築途中、開発途中（土地だけ取得していたなど）でストップした案件が散見され、それらを仕入れ原価よりもだいぶ安価な価格で入手する業者（あるいはファンドなど）が登場する。また、債権会社などが、資金回収のために不動産を投げ売り、それらを水面下で購入する業者（あるいはさまざまなプレイヤー）が登場する下り坂ムードのなかで、損切り形式で不動産を売却する業者が出てくる。

この観点で見ると、不動産市況のサイクルを生み出す主たる理由は、「需給バランスのタイムラグ」だということがわかっていただけたと思います。また、これらを後押しする（より鮮明にする）要因として、住宅を含めて不動産は高額な財であるため、「ムードに敏感に反応してしまう」ことが挙げられます。ほかにも、上昇サイクルを助長する要因としては、借り入れによりレバレッジを効かした投資ができることがあり、下落サイクル中に「バブルがはじける」ような派手なクラッシュが起こる

イメージになるのは、建築物を建てるというプロジェクトは途中で止めにくいため、という要因があります。

このように、不動産市況には規模の大小があれども、必ずサイクルが起こると考えられます。

今後さらに、人口減少が著しくなり、日本の不動産価格が傾向的に下落基調あったとしても、「数年上がって数年下がる」というサイクルを繰り返していると考えられます（30ジペー図表1－3の下のイメージ）。

日本の不動産市況は7年サイクル

その不動産市況のサイクルについてですが、バブル崩壊以降の日本の不動産価格を分析していると「日本の不動産市況のサイクルはおおむね7年」ではないかと思われます。

図表1－7は、図表1－1と同じものに7年ごとの区切りを入れたものです。不動産市況の推移についてこれを追いながら検証してみます。

日経平均株価は1989年12月にピークをつけ、一足先に下げ始めていましたが、不動産市況にバブル崩壊がはっきり見え始めたのは、公示地価ベースでは1991年以降発表の数字からです。

その後、不動産価格は、**不動産融資総量規制**などの影響で急落し、3年くらいは大きく下げましたが、その下げ幅が緩やかになったのが公示地価ベースで1994年頃でした。そこからほぼ横ばいか少しずつ下がる状態が続きます。そして、２０００年から２００１年にかけて瞬間的に上昇しました。この背景にあったのが**ＩＴバブル**です。上昇のピークは公示地価ベースでは２００１年でした。１９９４年から７年後ということになります。

しかしその後、小泉・竹中改革によって金融機関の不良債権処理が一気に進められ、ＩＴバブルの崩壊もあいまって株価は急落すると同時に不動産市況も悪化の一途をたどります。

この頃、「**持たざる経営**」がもてはやされ、都市部では企業が社宅用地や工場用地などを売却し、大量の用地が放出されました。その跡地には比較的安価なマンションが建設されました。また、首都圏では年10万戸近いマンションが発売されました。そうした結果、大都市圏だけで

図表1-7　公示地価の推移と７年サイクル

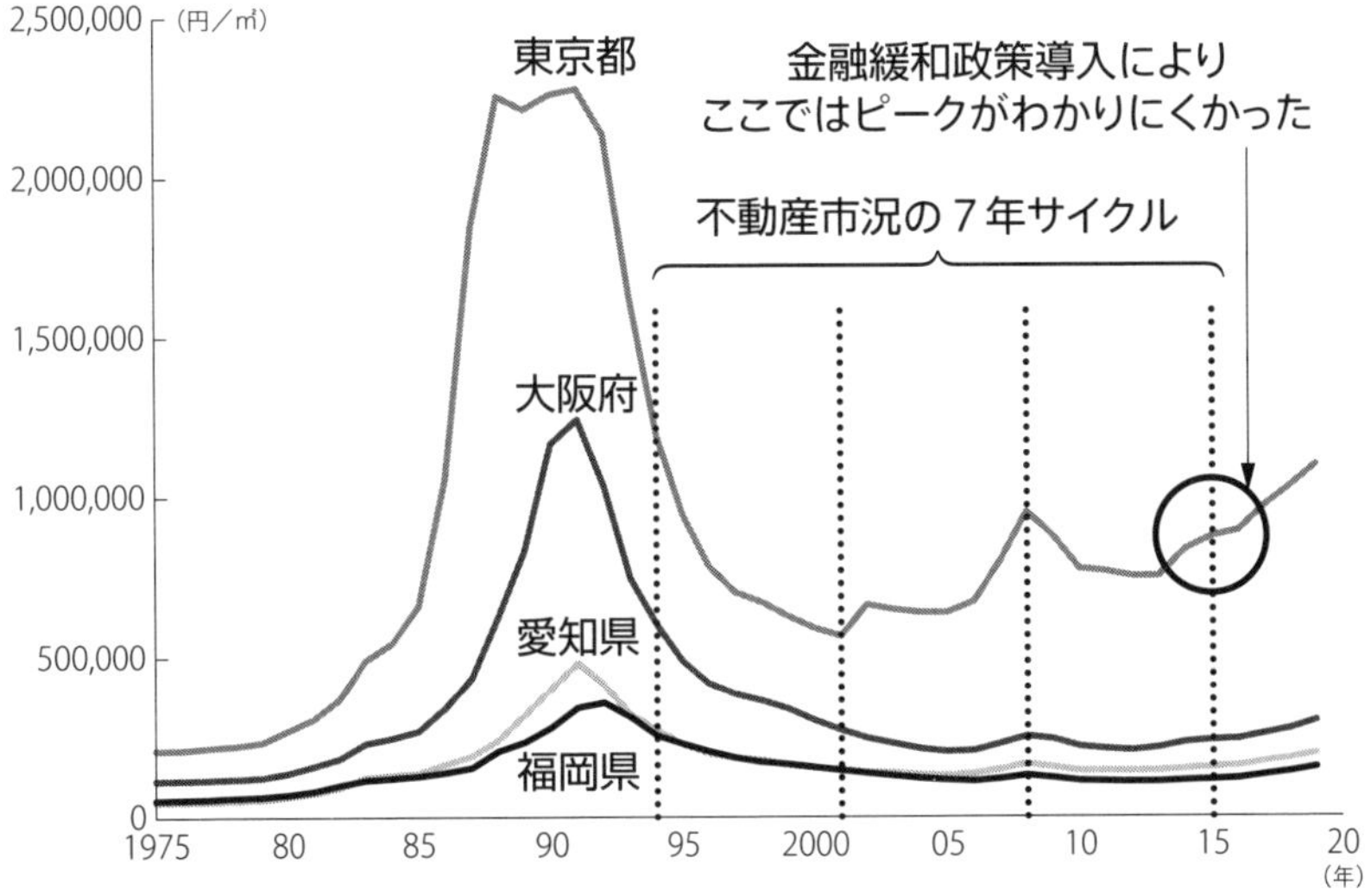

出所：国土交通省「地価公示」より作成

なく地方でも不動産市況はかなり冷え込みました。

2003~2004年頃がこのサイクルの底で、2005年には再び上昇に転じます。そして公示地価ベースでのピークは2008年でした。そしてリーマンショックが起こり、再び不動産市況は下落に転じます。ピークからピークをみると、2001年から2008年ですので、7年ということになります。

2015年にピークがはっきりと見えなかった理由

2008年がピークだったとすれば、7年サイクルで考えると、次のピークは2015年ということになります。しかし、それはある理由で、多くの方にははっきりとわかりませんでした。

2012年後半頃から市況の好転のキザシが見え始め、2013年にははっきりと不動産市況が良くなっているというデータが出始めます。しかし、2015年半ば頃になると、中古マンション価格などで、足止まり感が出てきます。さらに、2015年10月には、横浜の大型ショッピングセンターと一体開発のマンションにおいて、杭がきちんと打たれていないためマンションが傾くという問題が発生し、メディアが大々的に報じます。こうしたことも相まって、2015年後半は、不動産市況に歩留まり感が出てきます。何社かのシンクタンクがこの頃執筆したレポートを読むと、「不動産市況は悪化基調」というコメントが散見されます。日本の不動産市況は、7年サイクルのとおり、たしかに2015年後半にはピークを打ちかけたのです（41ペ図表1-7の丸で囲んだ部分）。

それから数か月、まだそんな悪化の風潮があまり広まっていない2016年の年明け1月に、日銀の黒田総裁が2016年にさらなる金融緩和政策（超低金利政策、マスコミはマイナス金利政策と報道していました）を導入したのです。

2012年後半から続いていた上昇トレンドが横ばいになり、ピークアウトする気配を見せていましたが、さらなる金利政策が導入されたために、不動産市況は次のステージとしての上昇トレンドへとなりました。そして、2020年年初のいま、上昇基調にやや陰りが見え始めたもののピークアウトせずに至っています。

融資スタンスがサイクルを生む？

ほかにもサイクルを生み出す要因はあるのでしょうか。

図表1-6でも触れましたが、「金融機関の融資スタンスの変化」、つまり不動産市況に影響を及ぼす金融政策の転換が挙げられます。

不動産市況が悪いときは金融緩和を行ない、貸出金利を下げるほうに誘導します。そして不動産などに投資する方（あるいは企業）が増え始めると、銀行は競うように借りたい人（あるいは企業）にどんどん貸し付けを行なっていきます。こうなると、輪をかけて不動産市況は好転していき、上昇サイクルがはっきりし始めます。

ところが逆に、あまりにも不動産市況が良くなりすぎると、過熱を抑えるために政策変更が行なわれます。1989〜1991年当時がそうだったように、地価があまりにも値上がりし、普通のサラリーマン世帯では土地付きの家どころかマンションすらも購入できないという状況になるのを避けたいためなのか、政策転換が行なわれます。

政策転換の典型的な例が1991年に行なわれた**総量規制**で、銀行が不動産会社に融資する際の基準を厳しくします。すると、不動産会社は資金調達に窮することになり、不動産投資や不動産開発ができなくなります。結果、地価が徐々にピークアウトして値下がりへと転じるのです。このパターンは、ミニバブル期に不動産価格の上昇が続いたときにも、行なわれたといわれています。ですから、「金融機関による不動産関連融資の総量」は、不動産市況のバロメーターになります。

では、なぜ7年なのでしょうか。

7年ですから単純に考えると、「3年半くらいは価格が上昇し、その後下げ局面に入る」ということです。いまの好調な不動産市況は2013年くらいからはっきりと見え始めましたが、それから2年半くらいで価格上昇は、1・3〜1・5倍くらいになりました（首都圏マンション価格の場合）。これくらい上昇すると、「だいぶ高くなったな」という印象を持つでしょう。

さらには、意外にあなどれない理由として、3年くらいすると「不動産投資に関心がなくなる」「飽きる」というものもあると思います。経済学で習う行動ファイナンス理論では「人・企業は合理的に動く」という前提では、一般社会における事象を説明できないことが多いといわれていますが、「なぜ、不動産投資に飽きるのか」も説明できないことかもしれません。

逆にサイクルの波を壊す要因もあります。

まずは、先ほど述べたように「政策的に金利を操作する」ということです。しかし、「これもサイクルなんだ」といえるかもしれません。

しかし、もっと大きな要因は、Disaster（災害）です。日本は地震の多い国です。1995年の阪神淡路大震災、2011年の東日本大震災から原発事故、どれも大きな被害が出ました。たまたまかもしれませんが、両方ともサイクル的にはボトム期に近いときでした。ほかにも大型の台風による広範囲にわたる水害なども想定できます。

Disasterは直訳すると「災害」ですが、投資の世界ではもう少し広く「予期できないこと」も含まれます。たとえば、2020年1月からの新型コロナウイルスの騒動などは、その例だといえます。

投資対象不動産とキャップレート

投資用物件では、需給バランスに加えて、もうひとつ「r（資本収益率）」が価格に関係してきます。**「キャップレート」**（Capitalization Rate）といわれる「投資家がどれくらいの利回りを期待するか」を示した率の上下と投資対象物件価格上下はおおむね連動しています。

賃料やそのほかの要因が一定だとすると、キャップレートの低下は不動産価格の上昇を意味します。住宅賃料は、当然市況に左右されますが、短期間でそれほど大きな動きをしません。そのため、キャップレートの低下は、大半の場合、価格上昇を意味することになります。それはつまり、「価格が高くても、不動産投資、土地活用投資を行ないたいと思う投資家が増える傾向にある」ということになります。

図表1-8を見ると、リーマンショック前後で一気にキャップレートが上昇しています。これは、「それまでに比べて高い利回りでないと投資したくない」というイメージです。賃料が一定だとすれば、この頃は投資用の不動産価格は下落したことになります。以降、右肩下がりになり、つまり、投資用不動産価格上昇を続けました。そして、2019年頃からはやや横ばい傾向になってきました。

キャップレートについては第4章で詳しく説明します。

図表1-8　投資マンションの期待利回り（キャップレート）の推移

■ファミリー

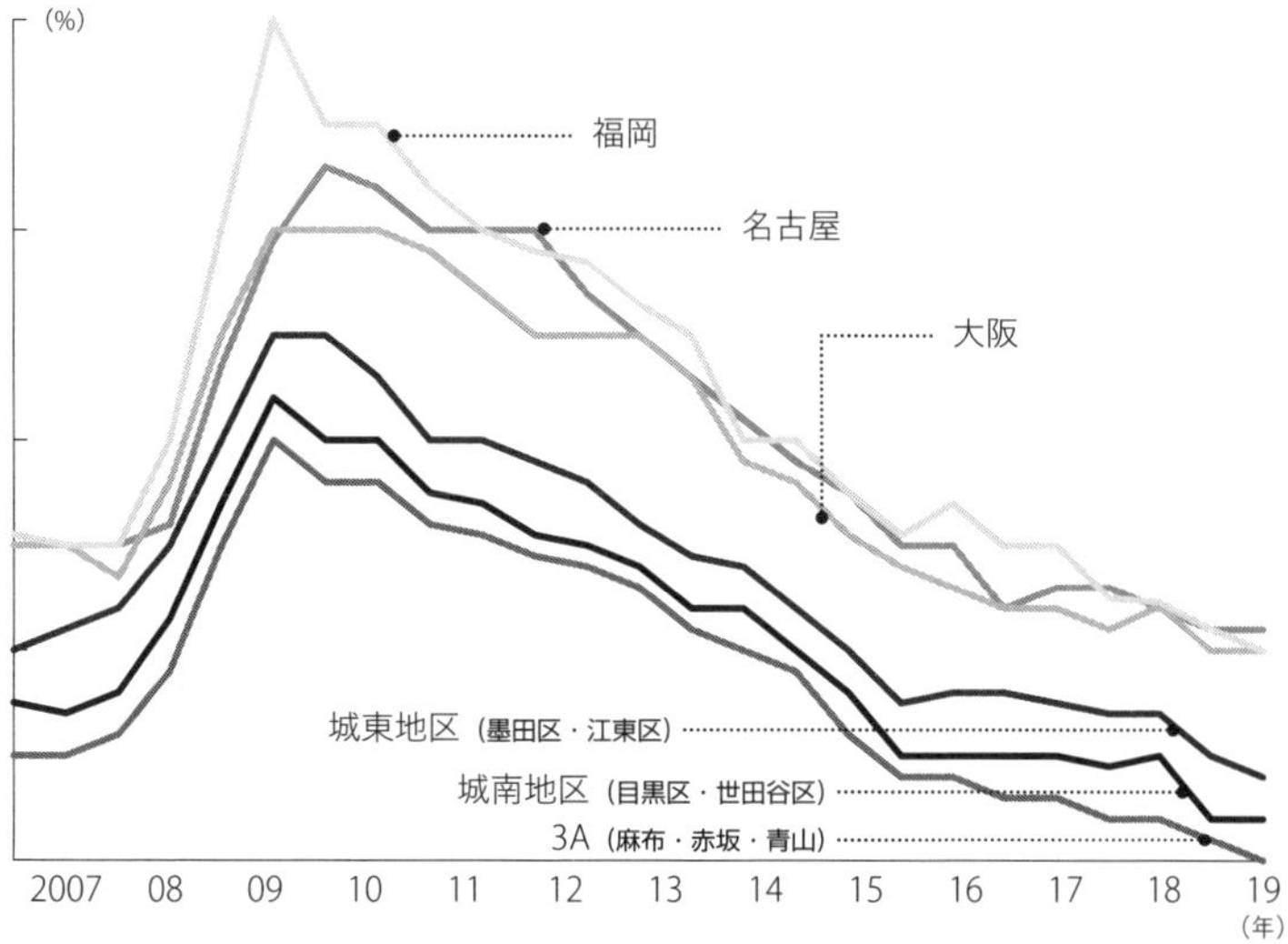

■ワンルーム

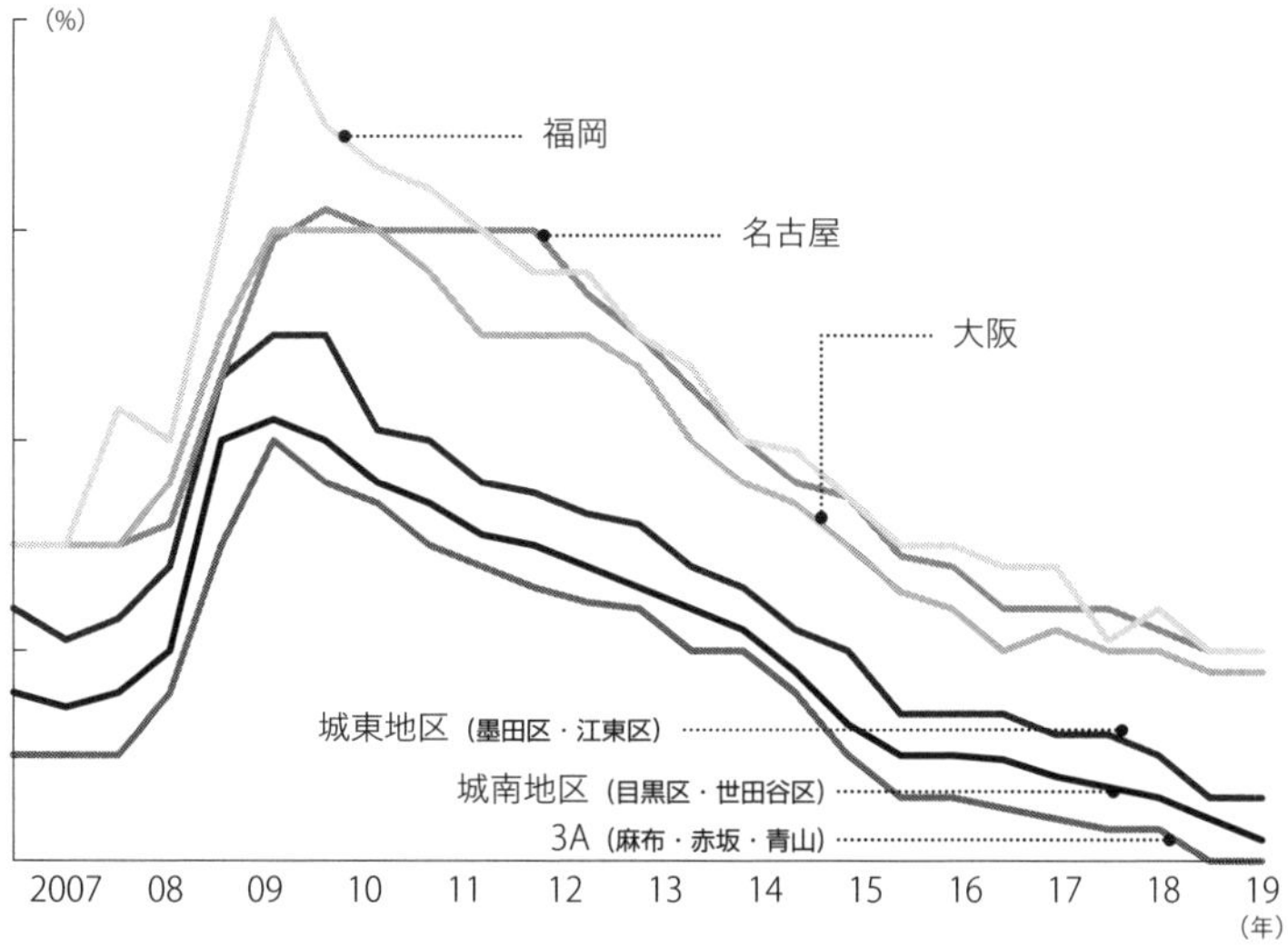

出所：一般財団法人不動産証券化協会「不動産投資短観調査」より作成

COLUMN

成約価格はいくらかがわからない状況での将来価格予測は信頼できるのか？

近年、マンションの将来価格を予測する仕組みが登場しています。マンションの将来価格を予測する際に、基本となるのは過去の取引データです。ヒストリカルデータを元に、いろいろな変数をシミュレーションして算出するするわけです。

しかし、日本においてはいまのところ、不動産売買の成約価格がいくらだったかを報告する義務がありません。中古マンションなどの専任媒介契約を結んだ際にはレインズに掲載する義務はありますが、いくらで成約したかは、「努力義務」になっており、実際にはあまり掲示されていません。

仲介会社は、成約仲介を行なった会社に「あの物件はいくらで売れた？」と業者間で情報交換を行なって、「実際の成約価格」を知るというアナログなやり取りが繰り広げられています。

米国などでは、成約価格を機関に報告する義務があり、誰もがそのデータを見ることができます。しかし、日本ではまだこうした仕組みの整備がされていません。わかっているのは、公募価格（募集価格）のみです。つまり、正確な成約事例のビックデータを収集するのは（1件1

件調べるわけにもいかないので）、不可能というわけです。そのため、公募価格から推測することになります。

公募価格は、値交渉があることを前提として値付けしますので、成約価格はそこから幾分低くなります。もちろん、この差が一定というわけではなく、ケース・バイ・ケースで異なります。

不動産市況サイクルで上昇基調にあるときは、成約価格と公募価格の開きは小さくなり、下落基調にあるときは、大きな差になります。また、売り出し初めの価格が市場価格からだいぶ高く設定されていると、なかなか成約に至らず、結果として公募価格から大きく値下げしないと成約に至らないということも多いようで、この2つの価格差は、サイクルだけでなく、成約までの期間とも関係があります。

そのため一概に言えないのですが、中古マンションでは、上昇サイクル時は1ケタの前半％程度（～5％）の差、下落サイクル時は1ケタの後半％の差（5～9％）だといわれています。ですから、公募価格からこの％分を引いた価格が成約価格となります（もちろん、例外も多くあります）。

価格予測のシステム会社はこうしたことをふまえて予測をしていると思いますが、いかんせん、「公的な元のビッグデータがない」なかでの予測であるということは、知っておいてよいと思います。

第 2 章

メディアに流されない正しい不動産市況の読み解き方

Strategies and Tactics for Real Estate Investment

正しく不動産市況を読み解くために何をすべきか

第1章で説明したように、「日本における不動産市況のサイクルはおおむね7年」という基本の周期がありますが、これは政策や経済情勢、不動産市況によって多少ズレることがあります。したがって、サイクルを正しくとらえるためには、正しく不動産市況を読み解くことが不可欠です。

昨今では第8章で紹介するように公的なデータがきちんと整備され、インターネットを使えば誰でも入手できるようになりました。しかし、われわれのような専門家でなければ、こうしたデータを定期的に分析することはないでしょう。そのため、不動産市況に関する情報は、メディアやネットで飛び交うものから得ているという方が多いと思います。

ここでは、「メディアからの情報だけでは正確な市況が読み解けない」「メディアの大げさな表現にだまされてしまう」ということを、いくつかの実例を挙げて説明します。そして、「どうすれば正確な市況を読み解くことができるのか」についてお伝えします。

SECTION
2-1

メディアの情報は事実と異なることも多い

オリンピック開催が不動産に与える影響とは？

まずは、いま誰もが注目している実例から始めます。

「オリンピック後に不動産価格は大暴落する」という記事は２０１７、２０１８年頃に週刊誌などでよく目にしました。私の元にも多くの記者の方がお越しになり、コメントを求められます。

「オリンピック後も、少なくとも東京・首都圏の不動産市況は、多少の価格調整があるくらいで、大暴落にはならないと思いますよ」と答えると、「もう少しネガティブな要因はありませんか？ ポジティブなことを書いたら、週刊誌は売れないんですよ」と素直におっしゃる記者の方もいます。親しい記者の方でしたので素直に私に言ったのでしょうけれども、これが実態です。

では、東京オリンピック後の不動産市況はどうなるのでしょうか？

オリンピックの開催地が決まるのは、開催のおおむね約7年前で、2020年7月から始まるオリンピックの開催地が東京に決まったのは2013年9月8日（日本時間）でした。その頃は、同年春からの**金融緩和政策**が影響し、不動産市況がだんだん良くなっている状況でした。

過去の例（他の都市でのこれまでの開催）と比較しながら検証してみると、オリンピック開催が決まると、開催地決定〜開催までのあいだに、開催都市では確実に以下のようなことが起こっています。

①外国人観光客が増え、ホテルが増える

開催地の決定は世界的なビックニュースであり、世界各地で「ＴＯＫＹＯ」の名前が広まります。極東にある日本の首都である東京は、アジア各地からはそれほど遠くありませんが、欧米各国からは飛行機で10時間以上かかる、とても遠い国です。そのため、開催が決まるまで、首都東京でアジア各国を含めた外国人観光客を見かけることは、それほど多くありませんでした。

それが、２０１４年に訪日外国人は１０００万人を超え、２０１８年に３０００万人を突破、２０２０年には４０００万人を超えようという勢いです。

こうしたインバウンド需要を見越して、開催が決まって以降、大都市や観光地に大量のホテルが建設され、開業しました。

②開催都市のインフラ整備が一気に進む

不動産価格を押し上げるいちばんの要因は何かというと、インフラの整備です。近くに新しい鉄道の駅ができる、アクセスに便利なバイパス道路が開通するといった状況は不動産価格の上昇に直結します。

オリンピック開催が決まると、開催都市ではスタジアムや選手村といったオリンピック関連施設だけでなく、選手や関係者、観戦客が大挙して来日するのに合わせて道路や鉄道の整備が始まります。

１９６４年に開催された東京オリンピックに合わせて、新幹線や首都高速が開通し……と東京の街は一変しました。これは、東京に限ったことではありません。他の地域での開催でも同様です。近年は「お金のかからないオリンピック」を目指しているようで、今回の東京オリンピックでも、「なるべく既存のものを活用する」とされていましたが、１９６４年当時とはいえないものの、ある程度のインフラ整備（改修を含む）は行なわれています。

また、こうした流れのなかで、都心の各エリアで再開発が一気に行なわれており、ここ7～8年の東京は大きく変貌しました。

東京も例にもれず、２０１３年の決定以降、不動産価格は上昇しました。住宅価格・地価の推移を見るとそれがわかります（次ページ**図表２－１**）。

東京から、他の大都市へ、そして２０１７年頃からは地方都市へと、その勢いは波及しました。

では、オリンピック開催後にはどうなるのでしょうか？

東京オリンピックは2020年7月24日〜8月9日、パラリンピックは同8月25日から9月6日までの開催予定です。

週刊誌の記事のタイトルにあるような、「東京オリンピック後は不動産価格が大暴落する」ということにはならないと思われます。①現在の日本の経済状況と②過去のオリンピック開催地での実例の2つからしても、そうはならないでしょう。

一方で、ホテル関連は少し厳しくなるかもしれません。ホテルの建物（不動産）は、ホテル会社が保有している場合はそれほど多くありません。たいていは、不動産投資対象としてのホテルが圧倒的です。保有している不動産をホテル

図表2-1　東京都における住宅指数の推移（2013年9月＝100）

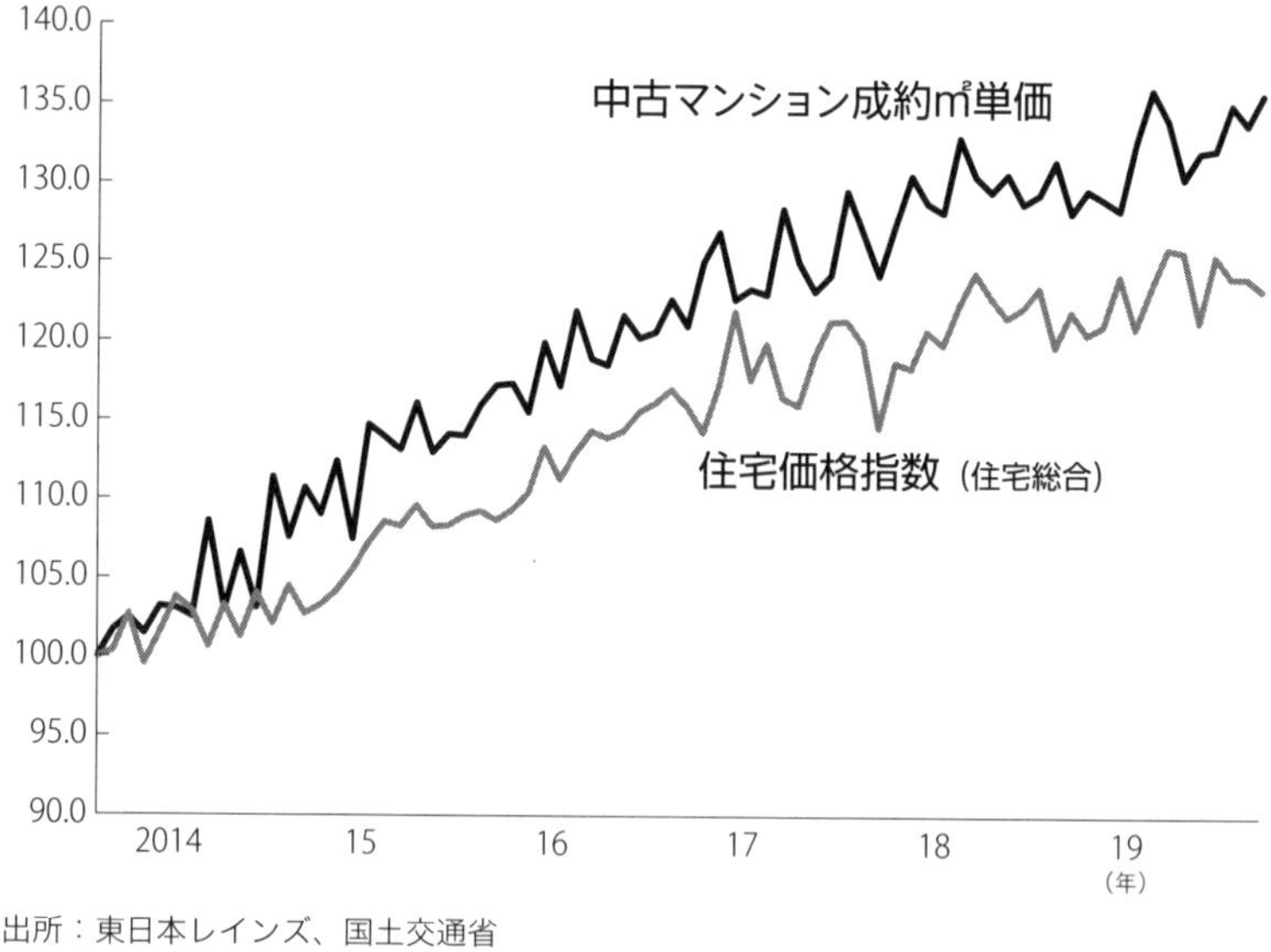

出所：東日本レインズ、国土交通省

会社に貸すことで賃料収入を得る、あるいはホテル運営会社に運営委託（外注する）して収益を上げる、などのパターンがあります。

そのため、投資対象としての「ホテルという不動産」は、稼働率が下がる・客単価が下がるとなると、その不動産価格が下がります。

近年はインバウンド観光客が増えて、稼働率・客単価とも上昇していました。つまりホテル不動産価格は上昇していました。

しかし、オリンピック後には、それまでの反動で外国人観光客が減る可能性が大です。これは過去の他都市でのオリンピックの事例でもいえます。そうすると、国内で急激に出張や観光が増えることはないでしょうから、ホテルは供給過剰になり、稼働率が下がると思われます。そもそも、観光産業はさまざまな影響を受けやすく、たとえば2020年年始から大騒動になっている新型コロナウイルスによるインバウンド観光客の大幅減は、ホテル稼働率に大きな影響を与えています（執筆時2020年2月）。この影響で運営が厳しくなり、「いまのうちに手放そう」と考えているホテル所有者が出始めているようです。

近年のほかの例でいえば、政治的な問題から韓国からの観光客が減りましたし、少しさかのぼれば、中国で発生したSARS（重症急性呼吸器症候群）の影響で大きな打撃を受けた例などが思い出されます。

では、住宅価格はどうなるでしょう。ロンドンではオリンピック開催が決まった後にじわじわと住宅価格は上昇、そして五輪（2012年）後も4年程度、価格上昇を続けました。開催決定時からオリンピック後4年のあいだに2倍くらいになったといわれています。シドニー（2002年）や北京（2008年）でも同様です。

東京も同様になるのかが最も関心のあるところですが、56ページ図表2－1のとおり、東京では五輪開催決定（2013年）からの6年で住宅価格は約1・3倍になりました。オリンピック後は、「ロンドンのように勢いが止まらず上昇を続ける」ということはないかもしれませんが、現在の経済状況や第5章で述べる住宅需要を鑑みれば、住宅価格は2020年以降も大きな暴落はなく、しばらくは横ばいの様相だと思います。

メディアの情報に流されてはいけない

では、多くの人はなぜ「オリンピック後に不動産価格は下落する」と思うのでしょうか？

東京オリンピック・パラリンピックが終わって、世の中全般的に停滞ムードが強まるから。海外投資家のマンション購入が一段落するから。人口減少によって空き家が増えるから。2019年10月に消費税率が引き上げられたから——。

これらはいずれも新聞や雑誌、テレビなどを通じてよく聞かされるものばかりですが、本当でしょうか。通常、メディアからこうした報道を聞かされても、その元になるデータに当たるようなことはしません。週刊誌の記事をざっと読んだとか、朝の情報番組でコメンテーターが話していたことを聞いたという程度の情報です。

そういう情報はいずれも二次情報であって、そのなかには多分に書き手、話し手の主観が含まれています。もっと言えば、書いたり話したりしている人たちに「こうなって欲しい」「こうなったほうが面白い話になる」という願望があって、そのように書いたり話したりしているケースもあります。

その程度のあやふやな情報であるにもかかわらず、不動産という高額な投資をするに際しても、それらの情報に惑わされた状態で、「どうせ不動産を買うなら値段がもっと下がってからにしよう」などと考えてしまいます。

大切なのは、自分自身できちんとデータを確認して、「本当はどうなのか」を考えてみることです。

新築マンションの動向ではマンション市況はわかりづらい

よく、メディアなどで、「新築マンションの初月契約数が○○%になり、市況に陰りが……」とか、逆に「新築マンションの平均坪単価が○○○万円となり、好調を維持して……」などと報道されていますが、新築マンションの市況だけを見て不動産市況全体を読み解くことはできません。なぜなら、新築マンションはいつも全国の至るところに建てられるものではないからです。

いま東京の晴海に東京オリンピック・パラリンピックに出場する選手の選手村がつくられています。実際に行って自分の目で確認するとわかるのですが、巨大なマンション群です。これらは東京オリンピック・パラリンピックが終了したら、改装したうえで、分譲マンションとして売り出されます。その際、すでにできている建物の改装であり、いわば中古物件ということもあるので、価格は周辺の他の物件に比べるとややリーズナブルだといわれています。

ある雑誌は、この件を記事に取り上げ、「東京の不動産価格がいよいよ下げそうだ」という結論に結びつけていました。

しかし、それは見当違いだと思います。晴海近辺に新しいマンションが大量に、それも安価に供給されれば、その地域のマンション市況は下がるでしょうが、東京全体の不動産市況が崩れるようなことにはなりません。

ほかにも例を挙げると、「2020年1月の首都圏新規マンション発売価格はバブル期を超え、過去最高に！」と最近の記事にありました。これは、そもそも発売戸数が少ない昨今のなかで、港区白金近くにかなり高額で、総戸数が1000戸を超える大規模マンションが建ち、発売されたことが大きく寄与したようです。つまり、晴海の事例とは逆で、販売されている数は少ないが、とても好立地に大規模な高額物件ができたので、平均価格が一気に価格が上がった、ということです。

しかし、そのデータを見て日本の不動産市況全体が盛り上がってきているということにはなりません。あくまでもその周辺という特定地域のみの動きに過ぎないのです。

SECTION
2-2
事実を知るとはどういうことか？

空き家率を検証してみる

最近、**空き家問題**が深刻化しているという記事を新聞や雑誌などでよく目にします。空き家が増えると景観が悪くなる、不審火の元になる、犯罪の温床になる……、その結果として空き家が増えている地域の土地の価格が下がる、といった問題点が指摘されています。こうした文脈で「日本のハウスメーカーは家をつくり過ぎではないか」ともいわれているようです。しかも、人口が減少傾向をたどっていくなかで、空き家問題はさらに深刻化するといわれています。とくに人口減少が激しい地方都市では、これからどんどん空き家が増え、いずれゴーストタウンになるのではないかという懸念さえあります。

普通に考えると、空き家が増えるということは、不動産を供給する側の余剰が多いということであり、不動産の需給バランスが崩れるために、不動産市況にとってはマイナス要因になるとも考えられています。

これについて、データを見て検証してみましょう。

空き家については、総務省が5年に一度の頻度で発表しているデータがあります。直近では2019年（平成30年）の「**住宅・土地統計調査**」がそれです。この数字を見ると、住宅総数は6240万7000戸、空き家数は848万9000戸、空き家率（総住宅数に占める空き家の占める比率）は13・6％となりました。ちなみに過去の推移は次のようになっています。

昭和38年……2・5％
昭和43年……4・0％
昭和48年……5・5％
昭和53年……7・6％
昭和58年……8・6％
昭和63年……9・4％
平成5年……9・8％

平成10年……11・5％
平成15年……12・2％
平成20年……13・1％
平成25年……13・5％

平成25年時点の空き家数は820万戸で、平成20年と比べて63万戸の増加でしたから、平成30年の数字を見ると、空き家数、空き家率ともに増えてはいるものの、いずれも微増であり、むしろこの5年間で「空き家はほとんど増えていなかった」ことになります。世間ではこの5年間、空き家問題が深刻化しているという論調が目立ちましたが、実際には、メディアが騒ぐほどには深刻化していなかったともいえるのです。

メディアというのは総じて悲観的な見方をするのが好きなので、こうした数字について、「空き家の件数は過去最高を更新。新築の建て過ぎが問題か？」といったような見出しで危機感を煽るわけです。

たしかに空き家の件数は過去最高です。それでも実際の数字を見れば空き家の状況が徐々に改善しているように思います。政府の補助金を出すなどといった政策が効いているようです。

また、日本の空き家率は調査をするごとに増加傾向をたどってきましたが、そこにはきちんとした理由があります。

日本の住宅は木造が中心なので、耐用年数は40〜50年程度とされています。そのくらいの年数が経った住宅は、建て替え期、あるいは取り壊す時期を迎えるわけです。

日本で最もたくさんの家が建てられたのは1970年代から1980年代でした。日本が高度経済成長期を経て、多くの国民が狭いながらも家を持つようになった時期です。この時期に大量に建てられた家が老朽化し、建て替えられたり、あるいは取り壊されたりすることなく、そのまま放置されてしまう家がなかには出てきて、空き家率を押し上げてきたのです（ちなみに、空き家の約半数は、賃貸住宅であるという指摘がありますが、このことについては後ほど説明します）。

もちろん政府としては、空き家が増えるという状況を把握していました。だから2015年5月に空き家対策特別措置法を全面施行し、空き家を減らすべくさまざまな施策を講じてきました。それが少しずつ功を奏してきたと考えられます。

空き家が改善してきた理由は、政策面以外にもあります。不動産景気が良くなってきて、地方の都市部も含め、中心地において再開発が進んでいることです。マンションに関していえば、多くのマンションデベロッパーが東京で次々とマンションを建て、その流れで新しいマンション適地を地方の都市部に求めました。その際、地方の都市中心部に立っている古い家を壊し、更地になったところにマンションを建てたことも空き家があまり増えない一因となりました。

以上の点からも、日本の空き家政策は意外と順調にワークしており、いよいよその効果が発揮されてきたといえそうです。

また、そもそもここでいう空き家は不動産供給の面から見て余剰といえるのか、という視点も大切です。賃借人を募集していて、すぐに人が住める状態の家が空いているというのであればそうでしょうが、老朽化したためにリフォームなどを計画しており、すぐには人が住めない状態の家が空き家にカウントされていたらどうでしょうか。これは必ずしも需給が悪化することにはなりません。

つまり、「空き家がますます増えて、不動産市況が悪化する」というのは、データから見ても実態から見ても正しい状況判断ではないということになります。

空き家はなぜ増えていないのか？

前述の「**住宅・土地統計調査**」では、調査員が日常的に住んでいない住宅に対して、何度か訪問時間を変えて確認を行ないます。それでも不明の場合は、建物外観を確認したり、近隣の人や建物の管理者などに確認したりすることで空き家としてカウントされます。こうして得られた調査単位区別の調査結果から、市区町村別総人口に合致するように計上して、空き家の数として算出しています。

最新の公表データは、前項で触れたとおりですが、これは事前に民間シンクタンクが予測し、そしてその予測データを使っていろいろなメディアがネガティブな報道を行なっていた数字を大きく下回る結果となりました。

詳しく結果を見る前に、住宅・土地統計調査における空き家の定義を説明しておきます。空き家は次の①〜④のどれかに該当するものです。

①二次的住宅

・別荘……週末や休暇時に避暑・避寒・保養などの目的で使用される住宅で、ふだんは人が住んでいない住宅

・その他……ふだん住んでいる住宅とは別に、残業で遅くなったときに寝泊まりするなど、たまに寝泊まりしている人がいる住宅

②賃貸用の住宅

・新築・中古を問わず、賃貸のために空き家になっている住宅（空き家というより空室というほうがピンときます）

③売却用の住宅

・新築・中古を問わず、売却のために空き家になっている住宅（たとえば、デベロッパーが販売用に戸建住宅やマンションを建築し、いま販売中のものも空き家という扱いです）

④その他の住宅

・上記以外の人が住んでいない住宅で、たとえば，転勤・入院などのため居住世帯が長期にわたって不在の住宅や建て替えなどのために取り壊すことになっている住宅など（空き家の区分の判断が困難な住宅を含む）

このうち、「空き家問題」とされているのは、④に分類される住宅です。

さて、これを前提に最新の結果を見ると、空き家846万戸のうち、④は347万戸でした。そして、①の別荘などの「二次的住宅」は38万戸、②の賃貸用が431万戸、③の売却用は29万戸となっています。

空き家率は、空き家数（①～④の合計）を住宅総数で割ったものになりますが、この3つの変数を、前回調査（2013年時点）と比較すると、近年の空き家の現状が見えてきます（**図表2－2**）。

表を順に説明すると、住宅総数は6242万戸、前回からプラス180万戸（3％増）の増加で、予想の6372万戸を大きく下回る結果となりました。新築住宅の増加が予想よりも、大幅に少なかったということです。これは、地価上昇、住宅価格上昇が予想以上に進み、建築数がおさえられたことが考えられます。この5年間、新築物件はかなり少なかったのです。

空き家数はプラス26万戸（3・2％増）となりました。予想では、263万戸の増加となっていましたので、予想の10分の1以下だったことになります。

その結果、空き家率は、0・03ポイント増と、ほぼ横ばいという結果的になりました。2008年の空き家率が13・1％でしたので2008年から2018年までの10年間で空き家率は0・4ポイント程度しか増えておらず、たしかに空き家実数は、少し増えていますが、空き家率はこの10年ほぼ横ばいといえます。

もっとも、空き家率が大きく増えるという予

図表2-2　空き家の実態　（2013年、2018年調査分）

	2013年結果	2018年結果	伸び率	2018年の予想	予想との差
総数（万戸）	6,062	6,242	3.0％	6,372	-130
空き家数（万戸）	820	846	3.2％	1,083	-237
空き家率	13.52％	13.55％		17.00％	

出所：「2018年の予想」は野村総研による予測

想は、仕方ないものでした。繰り返しになりますが、日本において住宅が最も多く建てられたのは1970〜1980年代で、この頃に建てられた住宅が2018年には築40〜50年を迎えます。住宅を建てて（あるいは購入して）40〜50年も経つと、相続、売却、建て替え、リノベーションなど、住む方々の状況に変化が訪れます。これによって住む人がいなくなり、新たな需要対象にならなかったものが空き家になります。

多く建てられた時代の物件が変化期を迎えるいま、またはこれから、空き家になる可能性のある物件は増えてきます。このような状況を放っておくと空き家数が増えることは間違いないと思います。こうした状況を背景として、空き家数の大幅増は、多くの方が予想していました。

しかし、現実には、空き家率はこの5年間でほぼ横ばいでした。建築数もあまり増えていません、なによりも空き家数の増加は予想の10分の1程度でした。多くの自治体は、空き家対策を行なう補助金を出しています。この制度を利用する方も徐々に増えているようです。さらに、大都市でも地方都市においても、あちこちで再開発が進み、古くなった施設の建て替えなどを機に、周辺の使わなくなった古い住宅などを購入して、一体開発が行なわれて、街の再生が進んでいます。

ある全国紙は、今回の発表においても、「空き家率が上昇。人口減少下にもかかわらず、住宅が建てられ過ぎている」と書いていましたが、実態はこの報道と現実は大きくかけ離れているようです。しっかりと情報を入手して、適切な判断を行なうべきでしょう。

賃貸住宅の空き家率について

賃貸住宅経営を始めようとしている人や、すでに賃貸住宅を所有している人は、空室状況が気になることでしょう。ただ、賃貸住宅の空室率も都市部を中心に低下しています。住宅・土地統計調査でも、それははっきりと表れています。ここでは、前項で触れた空き家率について、もう少し詳しく説明します。

賃貸住宅の空室状況については、「住宅・土地統計調査」のなかにある「空き家の住宅数と入居中の住宅数」という項目で、賃貸用の住宅のデータを見れば、賃貸住宅の空き家数、つまり人が居住していない家・部屋と、居住中の賃貸住宅の数がわかります。これらのデータを使って、おおよその空室率を算出することができます。

平成25年（2013年）のデータでは、賃貸住宅の空き家数429万2000戸、居住中の数1851万9100戸、これらを単純に足すと2281万1100戸となります。賃貸住宅の総数は、築年数が古く賃貸の意思があるかどうかわかりにくいものや、自用の住宅を転勤などで一定期間だけ貸すなど、さまざまな要因から、その総数を正確に把握することがむずかしいため、この2つの数字を合計したものを総数と仮定します。

賃貸物件の空き家数である429万2000戸をこの総数で割ると、18・8%となり、広くいわれている賃貸住宅の空室率約2割と合致します。

これは全国のデータですが、これらのデータには県、市、区、町単位のものもあるので、それぞれを計算すれば、県、市、区、町単位でのおおよその空室率を算出することもできます。

県別に見ると、賃貸住宅の空室率が最も低いのが沖縄県で11・2%、最も高い県は山梨県で29・2%となっています。主要都市では、東京10・2%、神奈川が17・3%、愛知18・5%、大阪20・2%、福岡15・8%となっています。

メディアなどの報道で、ある調査会社の算出データを論拠に、「賃貸住宅の空室率が大都市でも30%近い」という記事を見かけたことがありますが、実態とは大きくかけ離れているようですから、30%という途方もない数字に過剰に反応する必要はないでしょう。

なお、全国平均の18・8%という数字も、たとえば建て替え予定や大きなリフォーム予定をしている場合など、入居者の募集をしていない物件も空き家数に入っていますし、あるいは、築年数が50年を超えて実質的には賃貸物件として競争力を失った物件も入っています（注：都市部では一定のニーズはあります）。こうした物件の空室数を除くと、大都市部の空室率はもう少し低くなると思われます。

空室に関するデータは、今後の賃貸需要を予測することや、現在の賃貸住宅の需給関係を知るうえで重要な指標となりますから、正確に読み解くことが求められます。メディアの偏向報道に過敏に反応することなく、一次情報を入手し、正確に時流を読み解くことが大切です。

賃貸住宅バブルは本当か？

賃貸住宅（貸家）の着工数が5年近く増え続けている最中の2016年8月18日の日本経済新聞の社説に、「バブルの懸念ぬぐえぬ賃貸住宅の増加」という記事が掲載されました。不動産市況に関するデータの解釈という観点から、この記事は非常に興味深い事例でした。

大まかな要旨は、次のようなものでした。

・賃貸住宅の着工戸数が連続して上昇
・一方で住宅需要は高まっていない
・首都圏を中心に空室増でバブルの懸念あり

果たして、この社説の見方は正しいのか、つまり「バブルの懸念をぬぐえない」というのは本当なのかどうかを検証してみます。

国土交通省が公表している「**新設住宅着工戸数**」のデータを見てみましょう。次《ページ》**図表2－3**は、

2013年以降の新設住宅着工戸数（年計）の推移です。

2009年は約40年ぶりに新設住宅が100万戸を下回ります（以降現在まで一度も100万戸を超えていません）。そこから2010年からは少しずつ回復し、2013年には翌年に導入される消費税増税の影響などから全体で10％以上の伸びを示します。「**貸家**」カテゴリーつまり賃貸用住宅の着工数はこの年11％以上増えました。

しかし、翌年、その反動からか新設住宅着工数は大幅に減少します。一般の住宅建築を示す「**持ち家**」カテゴリーは2割近い減少となっています。また分譲マンション・分譲戸建てを示す「**分譲住宅**」カテゴリーも同様に10％のマイナスとなります。

そんななかで、賃貸住宅の着工数は2014

図表2-3　住宅着工戸数の推移（年計）

	2013年	2014年	2015年	2016年	2017年	2018年	2019年
総計	980,025	892,261	909,299	967,237	964,641	942,370	905,123
	11.0	-9.0	1.9	6.4	-0.3	-2.3	-4.0
持家	354,772	285,270	283,366	292,287	284,283	283,235	288,738
	13.9	-19.6	-0.7	3.1	-2.7	-0.4	1.9
貸家	356,263	362,191	378,718	418,543	419,397	396,404	342,289
	11.8	1.7	4.6	10.5	0.2	-5.5	-13.7
分譲住宅	263,931	237,428	241,201	250,532	255,191	255,263	267,696
	6.9	-10.0	1.6	3.9	1.9	0.0	4.9

※上段：実数値、下段：前年対比％
出所：国土交通省「建設着工統計調査報告」より作成

年、２０１５年ともプラスとなります。理由としては、相続税改正等があってその節税対策として賃貸住宅経営がもてはやされたことに加えて、不動産投資のブームが一気に広まったこともあると思います。

さらに、２０１６年は10%を超える伸びを示します。図表２－３を見ればわかるように、リーマンショック以降（図表は２０１３年以降ですが）の日本では、新設住宅のなかで最も多く建てられているのは貸家です。冒頭の記事は、こうした頃の記事ということです。

多くの賃貸住宅が建てられている現状を踏まえて「これからの人口減少のなかで空室が増えるのではないか」、また、「サブリース契約という甘い蜜に騙されているのではないか」と報じるメディアが増えます。

しかし、２０１３～２０１６年頃の賃貸住宅は、そんなに多く建てられていたのでしょうか？

もう少し長期的な数字を見てみましょう。

次ページ**図表２－４**は、１９８８年から２０１９年までの新築の貸家（賃貸住宅）の着工戸数の推移をグラフ化したものです。

これを見ると、２００８年のリーマンショック前後に、大きく落ち込みます。その後２０１１年をボトムにして徐々に改善してきましたが、それ以前の着工戸数の平均的な水準と比べれば、まだまだ低いと見てとれます。

ちなみに1988年から2019年までの平均が約48万9000戸でした。ただ、不動産バブルだった1988年、1989年、2000年の数字を外して、1991年から2019年までの数字を平均すると、1年間で約45万4000戸でした。直近で最も多かった2017年で41万9000戸でしたから、平均からするとまだまだ低い水準なのです。

約30年間の平均着工件数を大きく下回っていても、今後の人口減少を考えると、「賃貸住宅経営は大丈夫か？」という懸念もあるでしょう。

しかし、前項でも触れたように、賃貸住宅の空室が多い理由を探ってみると、日本国内に古い賃貸住宅がいまだ多く存在することが主な原因と考えられます。

賃貸住宅における空室は、築年数の経った物

図表2-4　新設住宅着工戸数（貸家）の推移（全国）

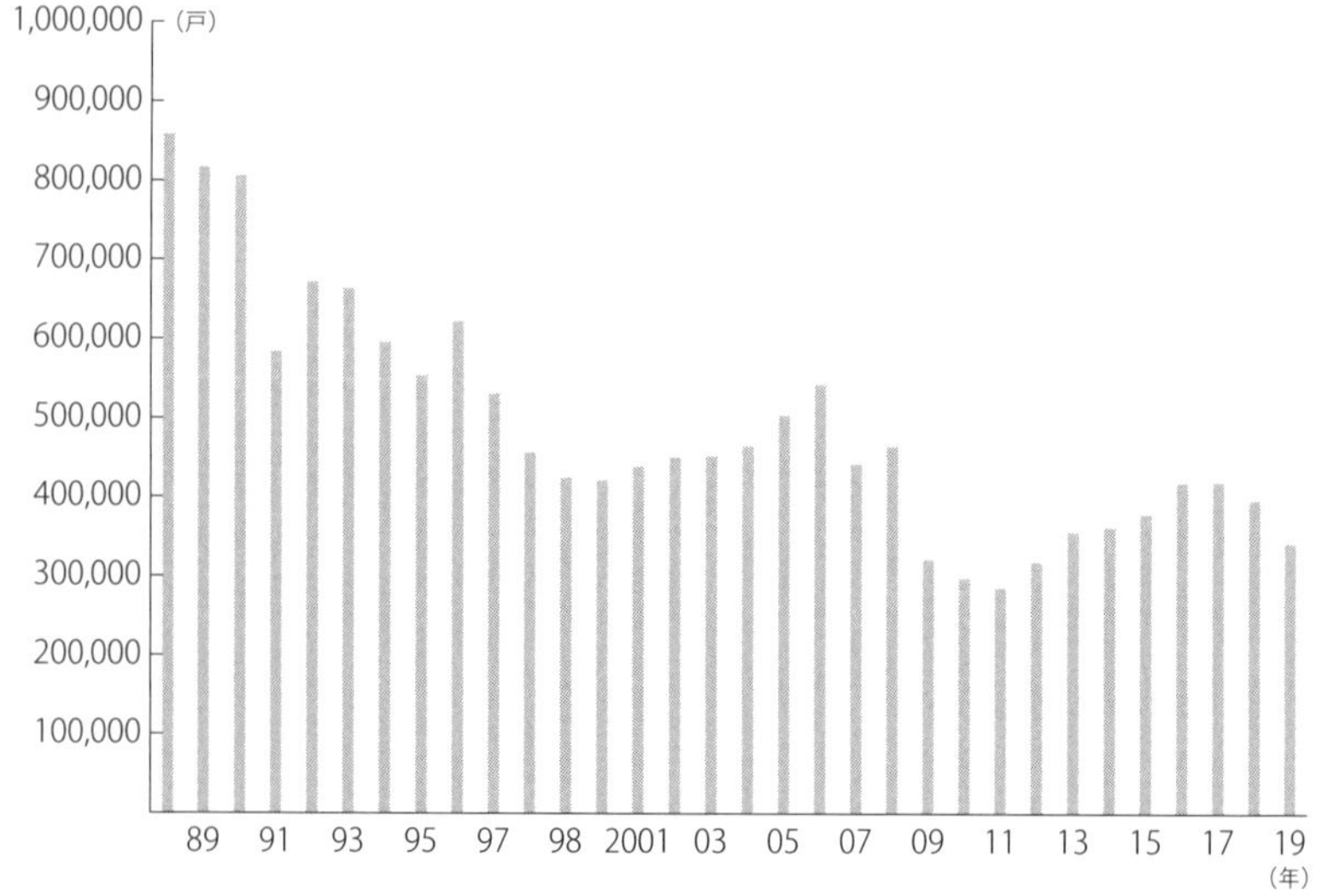

出所：国土交通省「建設着工統計調査報告」より作成

件で多く見られます。全国の賃貸住宅の20％を超える物件が築35年（旧耐震物件）を超えており、その割合が30％近い県もあります。そのなかには賃貸人の募集停止となっている物件もあるでしょう。これらも空室率には含まれています。

図表2－5は、貸家（賃貸住宅）着工戸数を1991年以降10年ごとに合計したものです。

1991～2000年は、約552万5000戸、2001～2010年は約437万8000戸、そして2011～2020年ですが、2020年はまだ途中ですから、仮に2019年と同数だったとすると（1、2月の数字を見ていると減少する見込みですが）、約360万戸となります。

1990年代→2000年代の落ち込みは、マイナス21％、2000年代→2010年代（2020年は想定値）の落ち込みは、マイナス17％

図表2-5　貸家建築10年間ごとの着工戸数

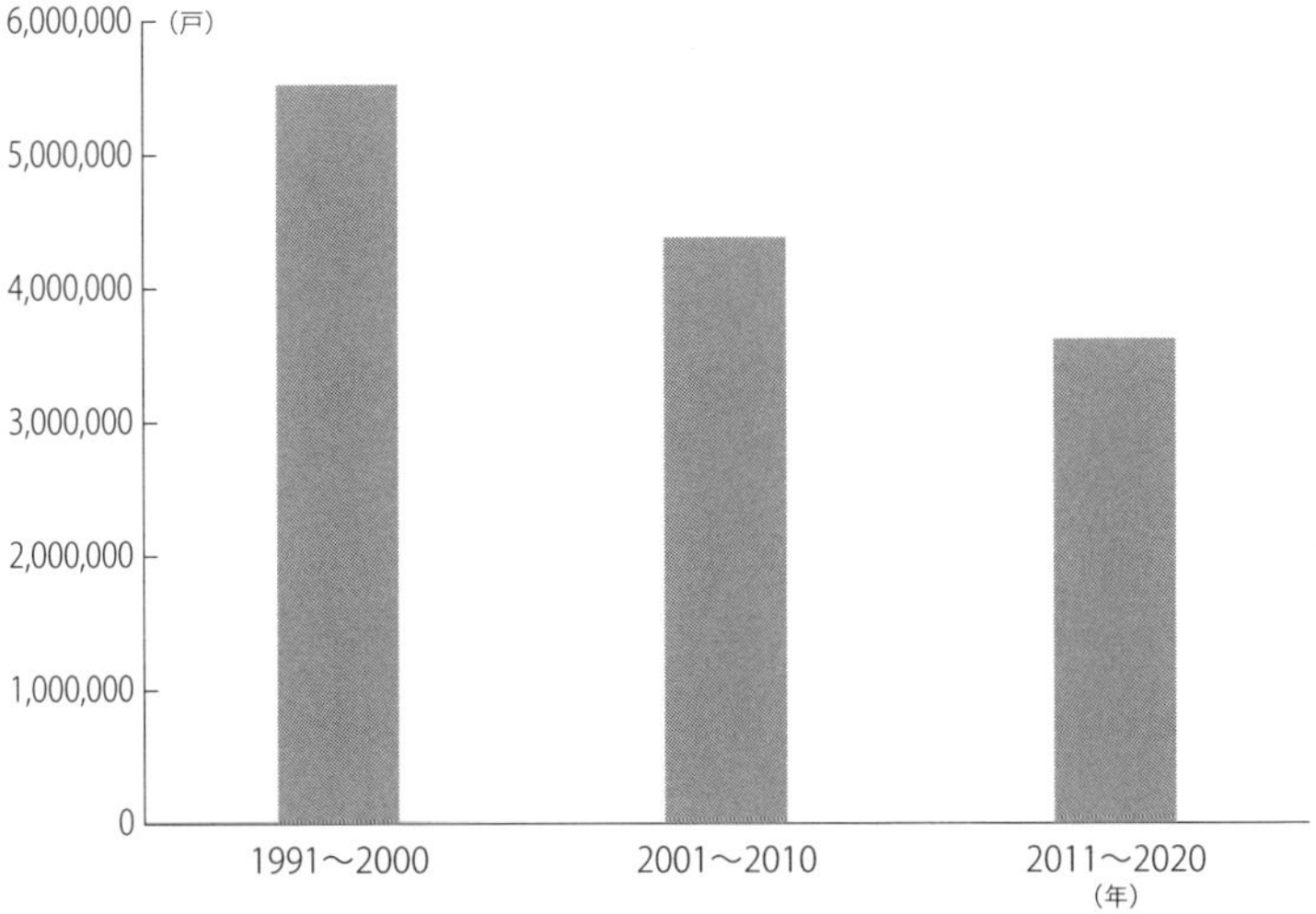

出所：国土交通省「住宅着工件戸数」のデータを元に作成（2020年のデータは、仮に2019年と同数だったと想定）

となっています。10年単位でみると、日本の賃貸住宅建築数は、かなり減っていることがわかります。

一方需要ですが、これは将来世帯数予測（後ほど第5章で詳しく述べます）で検討してみると、世帯数のピークは2025年頃で、その後少しずつ減りますが、減り方は10年単位で10%を超えるというものではありません。こうして考えると、少し大げさな言い方をすれば、「賃貸住宅バブル」という状況ではなく、逆にこのペースで賃貸住宅建築が減り続けると、築浅の賃貸住宅は需要に追い付かず、もしかすると「不足する」という状況になるかもしれません。

これらの実態を見ても、2016年の時点で、新聞報道のように、「賃貸住宅バブル」だったのでしょうか。結論をいえば、「それほどバブルではなかった」が正しいようです。

メディアの特性とはどういうものか？

ここまでいくつかの事例を検証しながら、メディアの報道だけでは正確な状況はつかめないことを示しました。

これは、「メディア情報の特性を知る」ということともいえます。

ずいぶん前になりますが、イギリスBBC放送のドキュメンタリー番組で、「メディアは一側面しか報道できない」というような主旨の番組を放送したものを見ました。

ある中東の国で、長きにわたり支配していた長（大統領？）の像が広場のなかに建っていましたが、政権が変わり、市民たちが大騒ぎしてその像を倒している映像がまず流れました。邪悪な指導者から民主的な政治を勝ち取り、歓喜いっぱいのイメージを想起させます。

次に、少し引いて遠くからその模様を撮影した2本目の映像が流れます。少し引いた映像では、像の周りにいた40〜50人だけが大騒ぎをしていますが、他の市民はそのことには無関心で平穏な日常生活、公園でノンビリしていたり、ただその横を歩いていたりしています。

実際にこの政権交代の時期にニュースとして流れた映像は、象徴的な1本目のものでした。つまり、カメラがとらえた映像はいくつかあったのですが、報道される映像は、報道サイド（ディレクター）が選んだ1本目だけだった、そんな内容のドキュメンタリー番組でした。

私はこの番組を見て、「メディアが報道する内容は、100％ではない」と強く心に刻みました。

これはカメラの映像（アングル）の違いを比較したわかりやすい事例ですが、同じことは新聞報道などでももちろんあてはまります。先ほど述べた空き家の問題においても、たしかに最新のデータで空き家は過去最高になり、新聞報道では「空き家数過去最大」という活字が躍っていました。しかし、たしかに実数では過去最大だったかもしれませんが、前回調査の空き家率13・52％と5年後の最新調査の13・55％を比較すれば、「ほぼ横ばい」ともいえます。

このように、メディアの報道だけにたよると、「空き家は過去最大数なんだ」、つまり「空き家がとても多い」という認識を持ちますが、一次情報を入手して適切に分析すると、「ほとんど、空き家率は増えていないな」、つまり「空き家問題は、少しは解決に向かっているのかもしれない」と異なった認識を持つことになります。

どうすれば正しく情報と向き合えるのか？

まずは、これまでに述べたメディア報道・ネット報道などのジャーナリズムの特性を知ることです。そのうえで報道機関からの情報を見て自分の興味を持った内容については、一次情報を入手するように心がけるといいでしょう。

また、とくに興味ある分野・項目については、定点観測するといいと思います。

情報公開が進み、収取できる公的データが充実してきました。本書においてもいろいろなデータを活用していますが、公開データがインターネット上で手軽に見つかるようになり、エクセルなどで分析加工する際にも使いやすい形で入手できるようになりました。データを見るだけではなく、それを読み解くこと（つまり、そのデータから状況を判断すること）を行なっていただけたらいいと思います。

昔は、一部の専門家だけが見ることができたものも現在では公になっていますから、ぜひとも入手して、不動産購入・不動産投資に役立てていただきたいと思います。

そうした不動産・住宅分野における、「定点観測しておきたいデータ」については、第8章で入手の方法（存在場所）と、そのデータの特性などについて説明しました。これらのデータを定点観測的に見ておけば、不動産投資やビジネスを行なうにあたって不可欠な正しい市況の判断を行なうことができると思います。

第 3 章

不動産投資の種類とその特徴

Strategies and Tactics for Real Estate Investment

実践フェーズに向けて

ここまで、「不動産の価格の仕組み」、「不動産市況にはサイクルがあること」、「メディア情報との付き合い方」について理解していただいたと思います。

次は、「実際に行動に移す」ステージです。

いうまでもありませんが、不動産投資は実際に不動産を購入しなければ収益を上げることはできません。頭で理解していても、実際に行動を起こして初めて気づくことも多いものです。

私も企業向けの経営コンサルティングだけを行なっていた頃は、自宅購入以外の不動産投資は行なっていませんでした。しかし、市況分析を行ない、不動産サイクルについて知るようになってから、実際に自分でも不動産投資を行なうようになりました。そのなかで、さまざまなことを実体験することで、本書で述べているような市況分析・市況予測に磨きをかけていったのです。

具体的な不動産投資・不動産関連ビジネスをどう行なえばいいのか。本章ではその考え方と具体的なノウハウについてお伝えしていきます。

SECTION
3-1

不動産投資を成功させるために不可欠な考え方

目的はキャピタルゲインかインカムゲインか？

バブル期は、不動産価格がものすごい勢いで上昇しました。しかし、一般の方がかかわったのは自宅の購入くらいのもので、「不動産投資」を行なっていたのは、それをなりわいにしていた企業や、高額所得者が中心でした。

現在では、「不動産投資」は広く一般化し、一人ひとりの金額は小さいかもしれませんが、バブル期以上に多くの方々が不動産投資を行なっているものと思われます。

そのようななかで、最近では不動産に対する見方が大きく変わってきたと思います。

バブル崩壊で不動産価格は大きく値崩れし、「不動産を所有するのは怖い」、「不動産投資は値下がりリスクが高すぎる」そんなイメージが強く残っていました。これは、「不動産投資はキャピタルゲインを得るため」という考え方からくる感覚です。

たしかに、「不動産投資を行なうこと」は何らかの形で、不動産を所有することですので、**キャピタル**（資産）のゲインもしくはロスの可能性があります。しかし、「**インカム**（賃料収入）を得ること」という目的が加わることで、「値下がりリスク」だけに目が向くようなことが減りました。

今後も日本の不動産価格は、不動産市況のサイクルによって多少の上下があると思います。しかし、そうしたなかで「着実な不動産投資」を行なう方は増えると確信しています。

なぜなら「不動産投資は売却した際の**値上がり益**（キャピタルゲイン）を得るために行なうもの」という考え方に、「不動産を賃貸することで得る**賃料収入**（インカムゲイン）を得る」という考えが加わったからです。株式投資において、値上がりを期待するだけでなく、「配当」や「株主優待」を期待する感覚です。

資金に余裕のある方（あるいは企業）、金融機関から多額のお金を融資してもらえる信用力のある方（あるいは企業）は、賢く不動産を購入し、転売することでキャピタルゲインを得る可能性もあります。しかし、一般の方々は、キャピタルゲインを狙うよりもインカムゲインを得る目的で投資する方が多いようです。

普段はインカムゲインでコツコツ収益を上げる。そして、サイクル次第でチャンスがきたら、勝負に出てキャピタルゲインを狙いに行く、そんなスタイルがベストであり、スマートな不動産投資だと思います。

自宅購入こそ最大の不動産投資

不動産投資とは、自らその物件の全部を利用することなく、「値上がり益」と同時に「賃料収入」を狙うものです。しかし、自ら使う不動産、一般の方々にとってそれは自宅だと思いますが、これも立派な不動産投資です。

ここまで述べたように、適切な情報を得て不動産市況のサイクルを判断して、物件の購入を行なっていただきたいものです。当然、ネガティブな要素を含んだお手頃物件などを購入することがないようにしたいものです。

しかし、求めるすべてを網羅した100点満点の物件にはなかなか出会うことはありません。その奇跡の1物件を求めて待っていると、好機を逃す可能性もあります。許容範囲を決めて、「妥協できないポイント」と「妥協してもいいポイント」を決めておくと、スピーディな決断ができます。

自宅を買うにあたっての具体的なスマートな方法の詳細は第6章に詳しく書いていますので、そちらをお読みいただきたいと思います。

SECTION
3-2 不動産投資にはどんな種類があるのか

目的に応じてさまざまな方法がある

それでは、ここからは具体的な不動産投資の手法について説明していきます。

不動産投資にはどんな種類があるのでしょうか。図表3－1は、一般的な不動産投資を行なう方（不動産業者ではない方で、企業経営を行なう経営者、士業やサラリーマン、OLなどのイメージです）と事業会社がCRE（Corporate Real Estate）戦略の一環として不動産投資を行なう場合を念頭にピックアップした不動産投資・不動産活用の一覧を示したものです。

まず、大きく分けて、実物の不動産に投資をする（あるいは建築する）か証券化された商品に投資するかに分かれます。

ここからは図表3－1に沿って説明します。

実物不動産投資の1つ目は、「すでに所有地している土地（主に未利用地）に賃貸収入を得るための物件を建築する」もので、一般的には「**土地活用**」といわれます。土地活用として、建てる建物の種類には、住宅（賃貸住宅）、商業施設（流通小売り・飲食など）、ホテル、ビルなどがあります。

次は、「賃貸用の物件を購入する」ものです。**1棟ものの賃貸住宅**やビルなどの既存物件を購入するパターン、あるいは土地を購入して前述の賃貸用の建物を建てるというパターンなどがあります。

3つ目は、**区分所有不動産**への投資です。区分所有権といえば、かつてはマンションくらいしか思いつかなかったのですが、昨今は区分所有権でオフィスビルの1フロアを所有するとい

図表3-1　不動産投資、不動産活用の種類（一部を掲載）

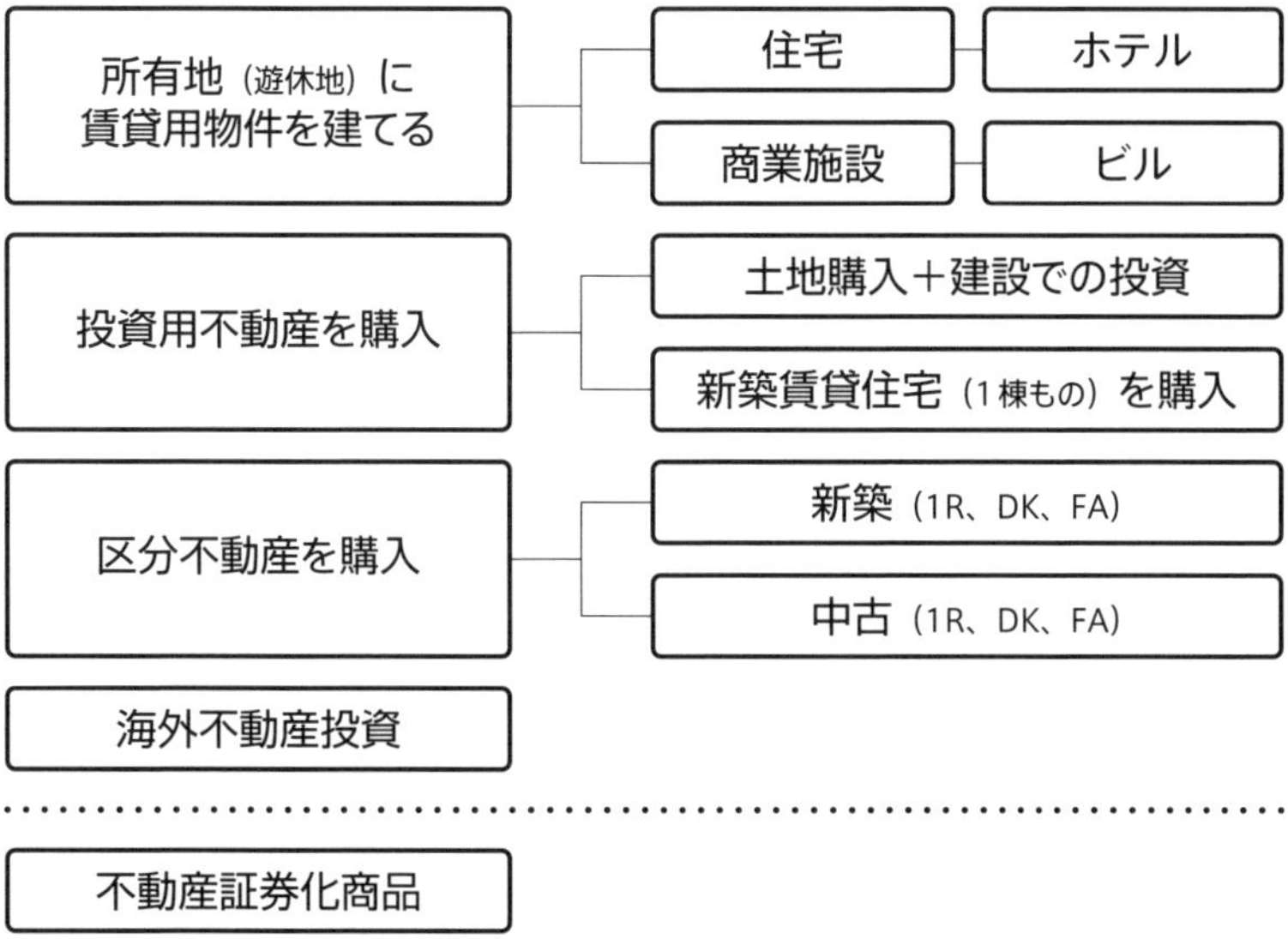

う投資など住宅以外のパターンも増えてきました。区分マンションでは新築物件、中古物件に分かれます。また、マンションタイプ（ワンルーム、DINKS、ファミリー）でも分かれます。

最後は、最近増えている海外不動産への投資です。こちらはアジア各地ではレジデンスが中心で、アメリカなどでは一戸建て住宅が中心です。ちなみに、日本では複層階共同住宅のことを「マンション」と呼びます（アパートは主に2階建て木質系住宅のイメージで、その対比として使われます）が、海外では日本でいうマンションは、「レジデンス」というのが一般的です。

アジア後進国物件への投資は主に値上がり益狙いのものが多く、アメリカなど先進国の、とくに木造住宅では節税目的（令和3年から税制度が変わりますので、少し厳しくなります）やインカムゲイン目的の方が多いようです。融資割合（LTV、Loan to Value）や税制度、PMの方法など、国内不動産投資と異なる点も多い不動産投資です。

実物不動産投資と不動産証券化商品

次に、実物不動産投資と不動産証券化商品の違いを説明します。

実物不動産投資と不動産証券化の代表であるJ－REITを比較してみます。実物不動産投資はワンルームマンション投資をはじめとする区分不動産投資、土地活用などが該当します。いずれもその名のとおり実物の不動産に投資することによって、そこから発生する賃料を得るというものです。

これに対してＪ－ＲＥＩＴは不動産投資法人といって、不動産に投資することをなりわいとする法人を立ち上げ、投資主証券を発行して資金を調達し、その資金を中心にしてオフィスビルや商業施設、ホテル、倉庫、レジデンス、ヘルスケア施設などの不動産に投資します。発行された投資主証券は東京証券取引所に上場され、株式と同様に売買されるので、それを購入することになります。

どちらが有利かということですが、平均的な利回りで比較すれば実物不動産投資です。ただし、手軽さや流動性で比較すればＪ－ＲＥＩＴが圧倒的に有利です。

たとえばＪ－ＲＥＩＴの分配金利回りは、上場全銘柄で３・５％前後（２０２０年２月現在）です。実物不動産に投資する際、Ｊ－ＲＥＩＴの分配金利回りを下回るような物件はよほど吟味して買うべきでしょう。

加えて、Ｊ－ＲＥＩＴは実物不動産と違って節税の対象にはならないものの、値上がり益に対する税金が20・３１５％（２０２０年２月現在）の申告分離課税、分配金についても申告分離課税と総合課税を選択できるので、年収の高い人からすれば、税率を安く抑えることができるというのもメリットです。

実物不動産投資についての考察

図表3－2では、身近な投資である株式投資と比較しながら、実物不動産投資の特徴を記しましたので、これを参照しながら説明します。

先ほど触れたように、実物不動産投資には、すでに所有している土地の上に建物を建て、それを貸し出して賃料を得る方法もあれば、土地を買うのと同時に建物を建てて貸し出す、あるいは1棟ものの新築物件を購入して貸し出す方法、そしてワンルームマンション投資のように区分不動産を購入する方法などがあります。いずれにしても、実物の不動産を購入し、それを第三者に貸し出すことで賃料を得るのが、実物不動産投資です。

図表3-2 株式投資と実物不動産投資の比較

	株式投資	実物不動産投資
狙う利益	(主) キャピタルゲイン (差益) (サブ) インカムゲイン (配当)	(主) インカムゲイン (賃料) (サブ) キャピタルゲイン (売却益)
流動性	高い	低い (最低でも1～2か月)
手数料	売買手数料：1約定ごと数百円程度	仲介手数料：3％＋α
資産性	金融資産 (モノ自体には価値がない)	実物資産 (モノ自体に一定の価値がある)
値動き	激しいが小刻み (秒単位で変動)	ゆっくり上下 (家賃は変動するとしても更新時)
資金	基本的に手持ち資金	頭金として金融機関からの借入 手持ち資金
レバレッジ効果	小さい (信用取引で3倍まで。株価が下落した場合はレバレッジを効かせた分だけ損害)	大きい (自己資金0円でも投資可能な場合も)
税制	・分離課税 ・NISAなど非課税枠の優遇措置がある	・総合課税 (損益通算) ・不動産所得が赤字になると高所得者には節税の恩恵を大きく受ける場合がある
利回り	配当平均利回り2％前後	都心ワンルーム 平均表面利回り4～5％程度

狙う利益は、本章の冒頭で述べたようにキャピタルゲインとインカムゲインですが、一般的にはインカムゲインがメインでキャピタルゲインがサブという位置づけだと思います。

実物不動産投資の対象物件を手放そうとする場合、上昇サイクル期などではすぐに買い手が見つかる場合もありますが、通常期でも2～3か月、下げサイクルのときにはもっと時間がかかる場合もあります。

証券化された不動産との違いは、「レバレッジ効果」と税制度です。

実物不動産投資を行なうとき、極端な場合、頭金がほとんどゼロに近い状況で、ほとんどを金融機関からの借り入れでまかなうことができます（物件や、個人の信用状況によります）。レバレッジ効果の大きい投資といえます。証券化された不動産、たとえばＪ－ＲＥＩＴの購入では、こういうわけにはいきません。

税制度では、実物不動産投資での収支は総合課税制度つまり損益通算が適用されますので、高額所得の方で実物不動産投資を行ないマイナスが出れば、節税になる場合があります。証券化不動産の場合は株式と同じですので、分離課税になり売却益・売却損は株式の範囲内で処理されます（ＮＩＳＡなどを除く）。よって、たとえ株式で大損しても、所得税が戻ってくることはありません。

Ｊ－ＲＥＩＴ投資との比較

前述のように、証券化不動産の代表格であるＪ－ＲＥＩＴは「投資法人」、つまり不動産投資を専門に行なう法人を立ち上げ、そこが発行する投資主証券という有価証券を購入した投資家は、投資法人が買い付けた不動産から得られる賃料収入を中心にして、分配金を得るという流れになっています。投資法人が発行した投資主証券は東京証券取引所に上場されているので、株式と同様に誰でも自由に売買できます。

手軽さという点では、圧倒的にＪ－ＲＥＩＴが実物不動産投資に勝ります。

実物不動産投資の場合、思い立ったときに売買するというわけにはいきません。すでに土地を持っているとしても、そこに建物を建てるには時間がかかりますし、その建物に入居する人も集める必要があります。そこまで手間暇をかけて初めて収益を得ることができます。

一方、Ｊ－ＲＥＩＴは株式と同じようにいつでも売買できます。Ｊ－ＲＥＩＴを売買するためには、証券会社に口座を開く必要はありますが、その手続きをとって口座が開設されれば、その時点で買い付けることができ、値上がり益や分配金を得ることができます。実際に不動産物件を所有しているのは投資法人であり、Ｊ－ＲＥＩＴの投資家は間接的に不動産を所有しているだけに過ぎませんが、土地を含めて実物不動産を所有することに対してとくにこだわりがないのであれば、Ｊ－ＲＥＩＴへの投資でも十分だと思います。

Ｊ－ＲＥＩＴのように、最終投資家が有価証券の形で間接的に不動産を所有するスキームを、不動産証券化商品といいます。このところＪ－ＲＥＩＴは安定的な利回りで、３～４％台前後を維持しており、リスクの低い利回り商品として、ほとんど金利のつかない国債の代替金融商品として、安定を求める（リスクをとりたくない）機関投資家や地銀などが大量に購入しているといわれています。

SECTION
3-3

実物不動産投資の種類と特徴

所有する遊休地の活用（土地活用）とは？

一般的に「**土地活用**」、「**土地活用投資**」などと呼ばれているものです。自分が所有している土地の上に、マンションやアパートなどの賃貸住宅、あるいは商業施設などを建てるというもので、土地の所有者はその建物から発生する賃料を収入として得ます。

土地活用投資をアレンジするビジネスは、多くのハウスメーカーや専業会社が行なっており、賃貸住宅や商業施設などとして需要がありそうなちょうどいい場所に空き地を見つけたら、その所有者と交渉して賃貸物件を建ててもらい、管理などもセットで提案します。

また郊外に行くとよく見かけるのが衣料品店やファミリーレストラン、あるいはドラッグストアなどの**ロードサイド店**ですが、これらも土地活用の典型的なスタイルです。郊外に点在するホテルチェーンもこの手法でホテルをどんどん建てていますし、最近は「医療モール」といって、個人医院がたくさん入っているビルなどが、やはり安定感があり、高い利回りを得られる土地活用の一環として注目されています。

もちろん、地主さんが自ら衣料品チェーンやホテルチェーンと直接交渉してテナントに迎えているのではなく、土地活用投資のアレンジビジネスを行なうハウスメーカーなどがあいだを取り持ちます。たとえばロードサイド店の場合は、新しい道路ができるという計画が持ち上がると、企業がその周囲の土地を持っている地主さんのところに行き、「今度、ここに道路が通ります。この道路に面した所有地に○○（企業名）さんの進出計画があります。土地を貸していただくか建物を建てて賃料を得るというのはいかがでしょうか」といって交渉をまとめるのです。

契約の形態は何を建てるのかによって変わってきます。アパートやマンションの場合は地主が自己資金で建物を建て、そこから得られる賃料収入で時間をかけて建設コストを回収しながら、収益化につなげていきます。

一方、土地だけ貸すというケースもあります。また、ロードサイド店はケース・バイ・ケースで、なかには地主が建物を建てて、それを貸し出すケースもありますが、建物の構造や内装にまでこだわるようなロードサイド店になると、地主は土地だけを提供（定期借地契約）し、建物は店側の負担で建てるというケースもあります。

ロードサイド店で気になるのは、出店したお店が失敗するなどして、そこを立ち退く場合でしょう。地主としてはそこから得られた賃料収入が得られなくなるので、自分のキャッシュフローに影響が及びます。

しかし、この点については、土地活用会社が新しいテナントを探して連れてきてくれる場合もありますし、土地を貸すだけのケースでも、基本的には10年、20年という期間の定期借地契約を事前に締結しますから、経営がうまくいかずに出ていくということになれば、時には地主は違約金を受け取ることができます。したがって、土地だけを貸す場合は、ほとんどリスクはないと考えて構わないでしょう。

土地活用の種類

以下に土地活用として賃料収入を得る種類の一覧を掲示しておきます。前述のように、建物を建てて貸すパターンと土地だけを貸すパターンに分けられます。

一般的な土地活用で多くみられる建物を建てて貸すパターンでは、「居住用物件＝賃貸住宅」と、「事業用物件」に分けられます。

・建物を建てて貸すパターン

①居住用物件を建てて貸すパターン

賃貸住宅（アパートタイプ）

賃貸住宅（RC：マンションタイプ）

戸建賃貸住宅

②事業用物件を建てて貸すパターン

商業施設（流通小売業、飲食業など）

複合型商業施設

高齢者施設（介護施設など）

医療施設

オフィス関連施設

ビジネスホテル

倉庫

トランクルーム　など

③建物ではなく設備を置くタイプ

駐車場（コインパーキング）

・建物を建てないで土地だけを貸すパターン

①定期借地として企業などに貸す

②駐車場（いわゆる青空駐車場）

それぞれの土地活用のパターンで、安定性、収益性、投資費用の大小、節税効果、などが大きく異なります。また、社会貢献・地域貢献という点でも、大きく異なります。

どの土地活用タイプが向いているか？

所有している土地が上記のどのタイプが最も適しているか（入居者が付きそうか、賃料がより高く取れそうか）は、周辺の状況を見ればおおむね想像がつくと思います。ロードサイドなら、商業施設や医療施設などが向いていますし、郊外の駅から徒歩数分の土地だったら賃貸住宅が向いているなど、だいたいパターンがあります。

しかし、土地活用の専門企業が見れば、需要に対しての物件供給状況などの検討から、思っていることと違った、もっと良い最適策を提案される可能性もあります。また、その土地によって建築基準法上の制限がありますし、近くのエリアでも行政の区切りで条例が異なるなど、周りの環境だけで、ベストな土地活用スタイルが決まるということでもありません。

加えて、あと2つ、忘れてはならない観点があります。

1つ目は、「土地オーナーの方がしたいことと合致しているか」です。たとえば、あるワンルーム中心のアパートオーナーは、「学生や若い社会人に住んでもらって、元気に頑張る毎日を応援したい」という思いで賃貸住宅経営を始めたということを聞いたことがあります。

2つ目は、目的は何かを再度考えることです。「遊休地を活かして少しでも収益を上げたい」、あるいは「相続税の節税を主目的としたい」など、どれくらいの収益を上げたいのか、どれくらいのお金なら借り入れてもいいと考えるのかといったことも重要な点です。

アパート投資＝居住用賃貸住宅経営について

住宅系の土地活用は最もポピュラーなものです。ある程度の人口（世帯）が暮らす地域では、賃貸住宅の需要が見込めます。

また、比較的廉価な建物から大型建築まで、そのバリエーションは幅広く、土地のサイズや立地に応じて対応することが可能です。ここは大きなメリットです（商業系や事業系の建物を貸すパターンは、かなり場所を選びます）。

建て方により、マンションタイプやアパートタイプ、また賃貸併用住宅、サービス付き高齢者向け住宅など、居住用賃貸物件にはいろいろなパターンがあり、地域市場性、同一エリアにおける物件数などにより、収益がベストになるパターンが選べます。

さらに、居住用物件では、他の土地活用にくらべて、継続的に安定収益が見込める可能性が高くなります。なお、かつては、「アパート経営」といわれましたが、最近では「アパート」という言葉はあまり使いませんので、以下では「賃貸住宅」で統一します。

賃貸住宅経営で期待できること

土地活用としての賃貸住宅経営では、以下のようなことが期待できます。

①安定的な収入

賃貸住宅は賃料や空室率などがそれほど景気に影響されにくい特性があり、ある程度安定的な収入が期待できます。

②税務対策

現行の税制度では、居住用の住宅を所有することで土地の固定資産税評価額が6分の1になります（ただし、1戸当たり200㎡までの部分は固定資産税評価額が6分の1に、200㎡を超える部分は3分の1になります）。

なお、税制度については、変更されることがありますので、詳しくは、税理士など専門家に相談してください。

③資産承継

ご子息などに、「収益の期待できる資産」あるいは「賃貸住宅事業」という形で承継できます。

賃貸住宅（貸家）の市況とサイクル

賃貸住宅の市況とサイクルについて検証してみたいと思います。

次ページ**図表3－3**は、図表2－3から、総計と貸家カテゴリーを取り出したものです。

2012年から賃貸住宅（貸家）の着工戸数は右肩上がりで伸びてきました。しかし、2018年は、7年ぶりに前年比でマイナスとなりました。

2013年は消費税増税（5%→8%）の駆け込み需要で大きく伸ばしましたが、翌2014年はその反動減で、総数、持ち家（注文住宅）、分譲住宅（戸建、マンション）は大きくマイナスとなりました。ただ、貸家（賃貸住宅）は、相続税改正に備えた需要の伸びがあり、反動減を吸収する形でプラスとなりました。

その後も賃貸住宅（貸家）の着工件数は伸び続けていました。その勢いに歯止めがかかり始めたのは2017年の後半でした。そして2018年は7年ぶりのマイナスとなります。

2018年は、年間約39万6000戸の貸家が建設されますが、月別で見ると前年比プラスだったのは8月だけで、他の月はすべてマイナスになりました。1月と3月は2桁のマイナス、春から夏は少し盛り返してマイナス幅が減少しますが、そのご秋から年末はまた大きなマイナスとなります。

そして、2019年は34万2000戸と、7年ぶりに落ち込んだ2018年からさらに14%

図表3-3　住宅着工戸数の推移（年計）

		2013年	2014年	2015年	2016年	2017年	2018年	2019年
総計		980,025	892,261	909,299	967,237	964,641	942,370	905,123
		11.0	-9.0	1.9	6.4	-0.3	-2.3	-4.0
貸家		356,263	362,191	378,718	418,543	419,397	396,404	342,289
		11.8	1.7	4.6	10.5	0.2	-5.5	-13.7

※上段：実数値、下段：前年対比%
出所：国土交通省「建設着工統計調査報告」より作成

近い落ち込みとなりました。

２００８年から２００９年の貸家着工数の急落（マイナス31％）には及ばないものの、かなり大きな落ち込みとなりました。

図表３－４は２０１８年１月～２０１９年12月までの貸家着工戸数の推移と前年同月比を示したものです。２０１９年の４月以降の落ち込みは激しく、マイナス15％を超える月も珍しくなくなります。東京都市部をはじめとする大都市部では比較的数字は落ち着いていますが、地方・郊外の落ち込みが大きく起因しているようです。

これを年ごとの推移で見たものが次ページ**図表３－５**です。

貸家着工戸数の減少は、大きく２つの要因があると思います。

図表3-4　新設住宅着工戸数（貸家）の月別推移（全国）

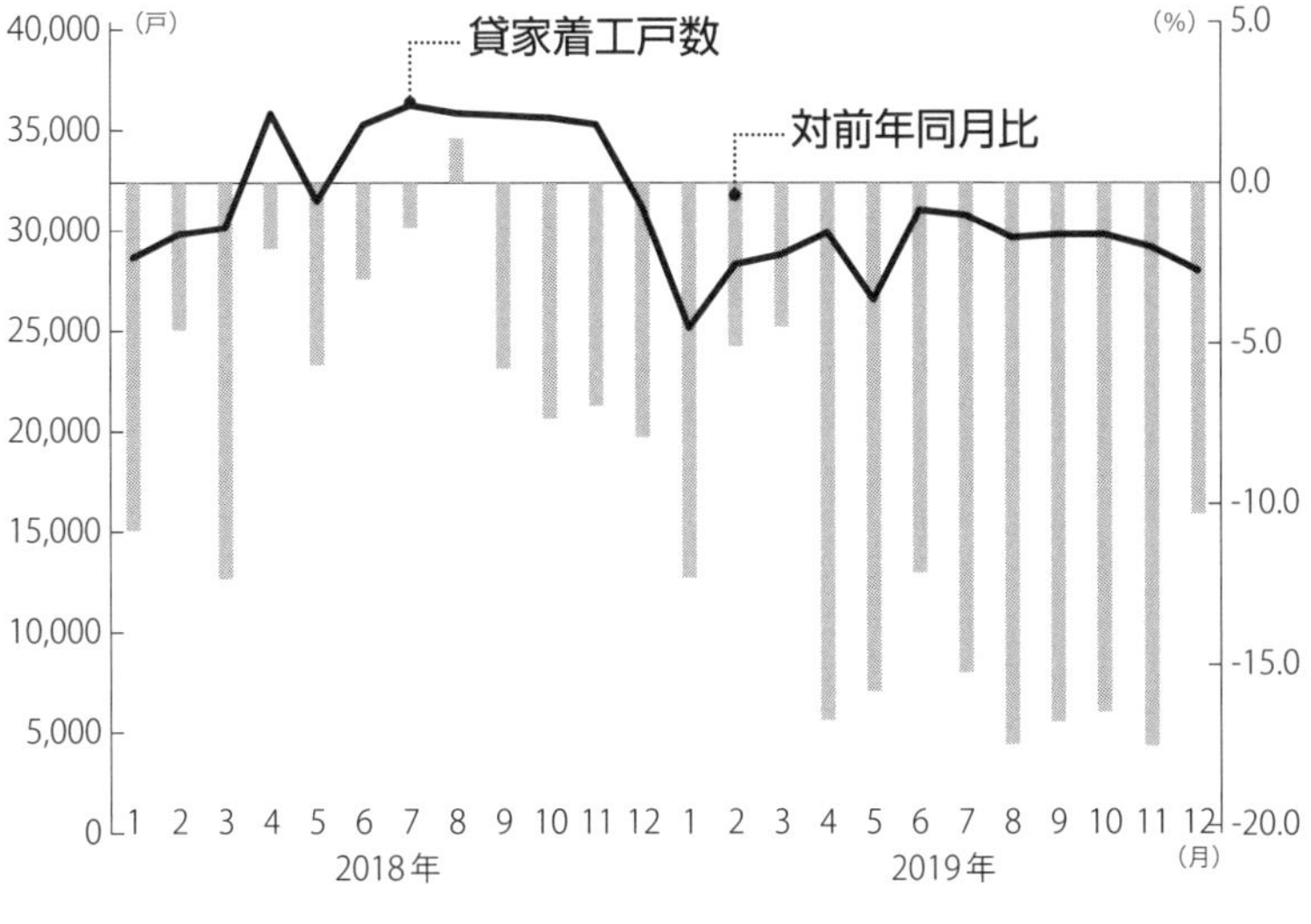

出所：国土交通省「建築着工統計調査報告」より作成

１つ目は、土地活用として賃貸住宅経営を始めようと思っていた方が、２０１３年以降の好景気の波のなかで経営に踏み切り、その需要が一巡したこと。

２つ目は、不動産投資として土地を購入して、賃貸住宅を建てるタイプの着工戸数が減少していること。これについては、投資意欲はあっても、金融機関の融資姿勢がネガティブなため、しばらく増えていないものと思われます。

今後は大きく落ち込まないものの、伸びる要素は少なく、30万戸前半の数字が続くものと予測しています。

図表3-5　新設住宅着工戸数（貸家）の推移（年計、2013年～）

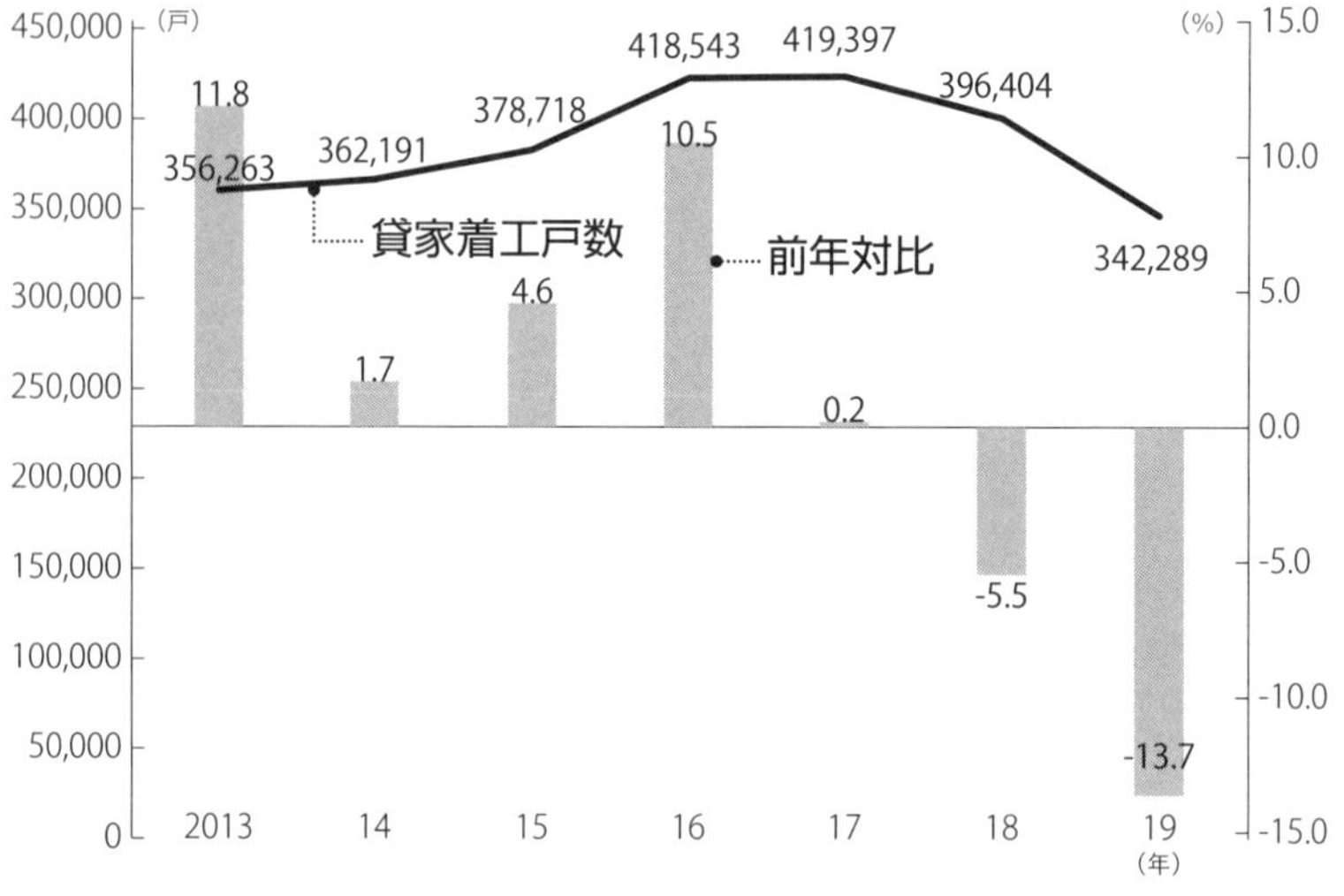

出所：国土交通省「建築着工統計調査報告」より作成

事業会社が始める賃貸住宅経営が増加

一方、2018年、2019年に賃貸住宅建築で増えたのは、事業会社による賃貸住宅の建築です。これは、都市部だけでなく地方都市でも顕著に見られる傾向です。私の場合も、以前は企業向けの不動産活用セミナー（CREセミナー的な内容）で講師として呼ばれる場合、都市部で開催するものが多かったのですが、2019年は地方都市開催のセミナーで呼ばれることも増えました。セミナーで講演を聞いていただいた企業経営者・企業幹部の方と話していると、「景気の良いいまのうちに、賃貸住宅を建てて、もし景気が落ち込んでも、賃料収入での下支えすることを目論んでいるんですよ」という声を聞きます。

企業が建てる賃貸住宅は、いわゆるアパートタイプもありますが、多くはRC造によるマンションタイプで、1棟当たりの戸数が多いものです。

既存の自社ビルの建て替えを機に低層階を自社オフィスとして使い、上層階を賃貸住宅として貸すケースや、使わなくなった社有車用の駐車場跡地に賃貸住宅を建てるといったものがよく見られる事例です。

1棟マンション投資のメインプレイヤー

1棟マンション投資は、同じように賃貸住宅から家賃収入を得るタイプの投資ですが、自らが所有していた土地や使っていない土地（遊休地）を活用するのではなく、土地と建物をセットで購入（投資）するタイプのものです。

1棟マンションそのものを購入するタイプ（新築物件、既築物件）と土地を購入してそこに賃貸住宅やマンションを建てるタイプがあります。エリア・立地条件によりますが、おおむね1億円以上、上は数十億円超の物件もあります。

土地を購入して、そこに賃貸住宅、賃貸マンションを建てるタイプは、土地の価格の関係（大都市には適した売り土地が少ない）から、大都市郊外や地方都市で見られることが多いパターンです。こちらは、土地価格はエリアによって異なりますが、建物はおおむね1億円前後といった規模（サイズ）が多いようです。

1棟マンションを買うタイプの投資では、高所得サラリーマンや士業の方は5億円未満の物件を購入、それ以上の物件になると業者が転売目的で購入、前節で述べた事業会社が賃貸収入目的で購入、あるいはＲＥＩＴやその他ファンドが投資対象として購入するというパターンが多いようです。また、香港・台湾といったアジア各国の投資家の方々は、主に10億円を超える物件を購入することが多いようです。

数億円クラスの物件は2017年頃までは、高所得サラリーマンや士業の方に人気でしたが、2018年頃にマスコミを賑わせた銀行融資の問題が発覚して以降、金融機関が融資に慎重になり（金融機関のなかには、ほぼストップ状態のところもあるようです）、一気にこうしたプレイヤーがいなくなりました。

この領域の市況ですが、2012年頃からの上昇基調が、やや横ばいになりながらも現在（2020年年初）も好調が続いています。もう少し細かく見ると、5億円以下のいわゆる「サラリーマン大家さん」が購入の中心だった物件は最近少しずつ厳しくなっており割安感が出てきているようです。一方、5億円を超える、いわば専門投資家だけが登場する物件のマーケットは、とくにREITや海外投資家を中心にまだまだ買い意欲が旺盛のようで、この傾向はもうしばらく続きそうです。

区分所有マンション投資

区分所有マンション投資は、1棟全体の所有権ではなく、各部屋（各住戸）単位で購入し（＝所有権を持って）、それを賃貸物件として貸すことで賃料収入を得る投資です。その意味では、次項の**タワーマンション投資**、**ワンルームマンション投資**は区分所有マンション投資の一種です。

一般的に販売されているマンションは、主に所有権を持つ方（もしくはその家族・親族・関係者）が住む前提で販売されます（後述するワンルームマンションは、その逆で、「主に所有権を持つ方が、誰かに貸す」前提で販売されます）。

しかし、都心や大都市部での単身用だけなく、ファミリー、カップル（DINKS）向け賃貸需要が旺盛なことを背景として、ワンルームではなく、それよりも広い部屋を投資対象として購入する例が、しばらく前から増えています。

また、第6章で紹介するような、地域のメモリアル的なマンションの場合は、その希少性から、富裕層の方々が自宅とは別に、「持っていても損することはないだろう」という思いで購入し、それを賃貸物件として貸し出している事例も見られます。

以前、JR山手線駅の目の前に2棟のタワーマンションが建てられました。私鉄や地下鉄も乗り入れているターミナル駅で、横断歩道を渡ればすぐに山手線駅という、めったにないような好立地の物件でした。販売時から、ものすごい数の方がモデルルームを訪れ、あるメディアでは「モデルルーム来場の新記録かもしれない」と報じていました。休日になると幹線道路沿いに建てられていたモデルルーム周辺が渋滞していたのが印象的でした。

そして、販売から2年経ちマンションが竣工すると、大量の賃貸物件として募集サイトに掲載されていました。きわめて好立地でしたので、かなり強気の価格設定でしたが、ある程度スムーズに入居者が決まっていったと聞いています。

区分所有マンションを投資物件として買うときには、利回りとキャッシュフローの計算をしっかりとシミュレーションしておくことが重要です。

利回りの計算式は**図表3－6**で表せます。

上記の計算をしてみるとわかりますが、現在のようにマンション価格が高値で推移しているときには、都心の一等地マンションを新築（あるいは中古）で購入して、賃貸物件として貸し出しても、それほどいい利回りは出ません。

それは、**賃料の遅効性**という性質があるからです。好景気になってもただちに家賃上昇ということにはなりません（下落も同じです）。賃貸住宅の契約は、2年、3年ごと更新というのが一般的ですので、2～3年以上の好景気、不景気が続くと賃料が動くケースが出てきます。単年

図表3-6　利回りとキャッシュフローの計算式

$$\text{利回り} = \frac{(\text{収入}-\text{支出})\times 12}{\text{投資額（諸経費などをのぞく）}}$$

収入：家賃賃料（駐車場は一般的にマンション管理組合との契約なので関係なし）。
敷金礼金などで返さなくてもよいもの

支出：管理費、修繕積立金、PM費（管理会社に委託する場合）、固定資産税などの各種税金　など

※ローンの返済は、キャッシュフロー計算のときには参入。利回り計算では、ローン返済は入れないこともあるが、利子分のみ支出としてみなすほうがより正確

の景気変化では、あまり大きな変化はないということです。

たとえば、ここ5〜6年くらい経済市況・不動産市況は好調ですが、賃料上昇が数字見られるようになったのは、最近のことです。また、家賃の上昇は、現在、経済の好調が顕著な都市部でのみ見られているようで、その影響は地方都市まで波及していないようです。

タワーマンション投資

あるメディアの記事で、「今後5年間首都圏で建てられるマンションの5棟に1つは、タワーマンション（一般的に20階建て以上）」という記事を読み、「タワーマンションは人気がある」ことを改めて感じました。

2000年以降の20年間でタワーマンションは増えました。首都圏や関西、名古屋といった大都市圏だけでなく、近年は地方都市でもタワーマンションが増えています（図表3－7）。

新築マンションは、マンション適地の不足から、供給戸数が減少基調にあります。しかし、図表3－7のようにタワーマンションは、2019年、2020年とも2万戸近い供給があります。また、オリンピック後の2021年以降も、かなりの数のタワーマンションの建設が予定されています。

タワーマンションの供給が増えている背景には、実需（購入する方が実際に住む）として人気があることに加えて、賃貸として貸す、つまり投資物件として購入する方も多いことがあります。

タワーマンションの建設は、主に3つのパターンがあります。

1つ目は、駅前等のエリア一等地の再開発で、周辺（たとえば、公的施設）との一体開発のなかに1棟か2棟のタワーマンションが建設される、郊外や地方都市で多く見られるパターンです。

2つ目は、古い住宅が残るエリア等の再開発で誕生するパターンです。オフィスビル等との一体開発の場合もあれば、住居単独での再開発もあります。主に都市部で見られます。

3つ目は、元工場の跡地や、湾岸エリアなど、大規模な空き地にタワーマンションを建てるパターンです。

このうち、1、2のパターンのタワーマンシ

図表3-7　全国超高層マンション（20階建以上）の完成計画棟数・戸数

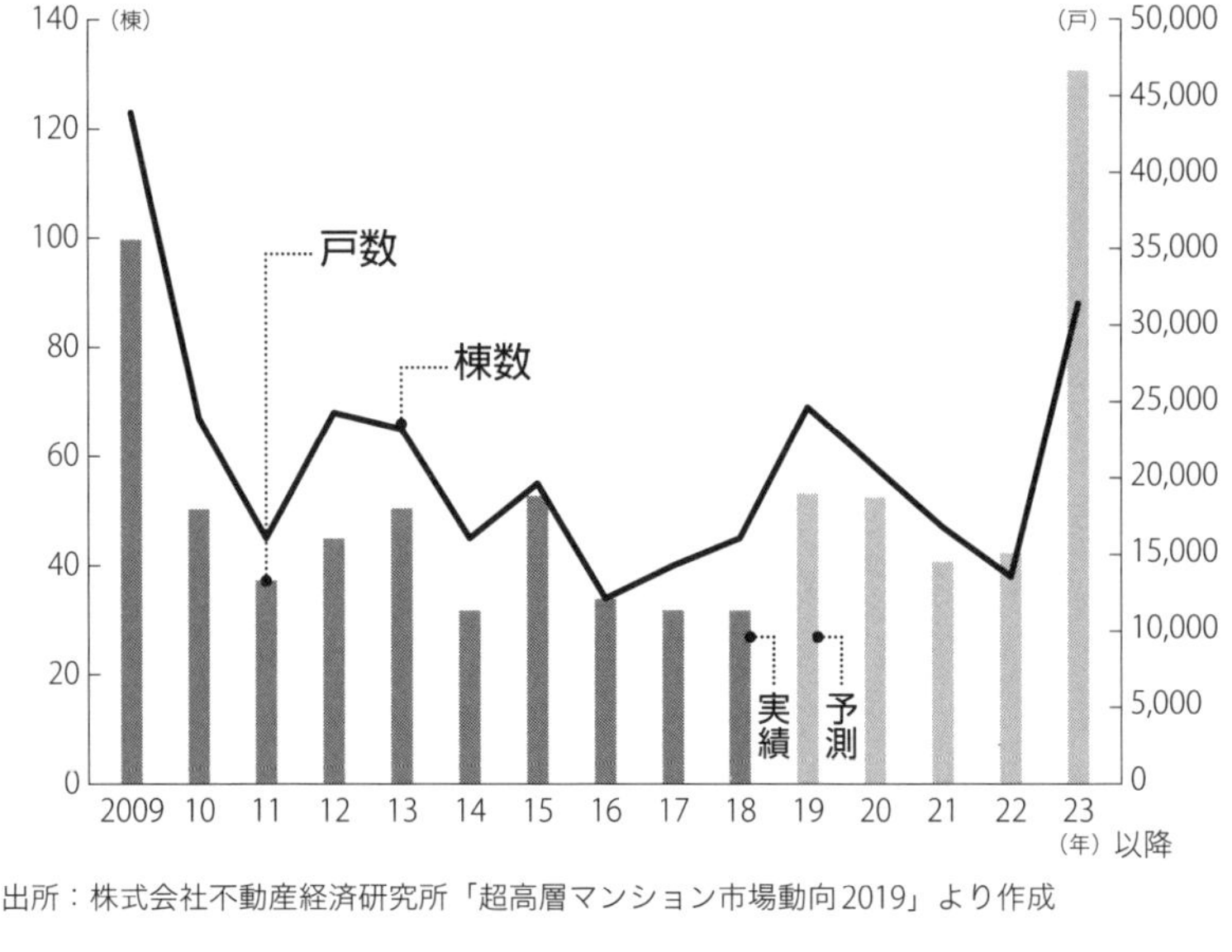

出所：株式会社不動産経済研究所「超高層マンション市場動向2019」より作成

ョンは希少価値が高いため、賃借人が付きやすく、またマンション価格も下がりにくく、投資物件として魅力があります。

一方、3のパターンは、同一地域に同一時期に多数のマンションが建てられることが多いため、需給バランスの観点から、年数が経てば資産価値が下がる可能性が高いと思われます。

タワーマンションに関しては、人気がある一方で、近年の台風洪水などで、「タワーマンションは大丈夫か？」と話題となっています。また、大規模修繕は大丈夫か？　さらには、60年後を超えると、建て替えはスムーズにできるのか？　上層階と下層階、広い部屋と狭い部屋という対比で、生活水準がバラバラで、コミュニティーが成立しづらいという指摘もあります。

大規模修繕・建て替えの際に、「マンションに大勢で住むということは、同じ資産を分割して持っている」ということを改めて認識すると思いますが、そのときに、「マンションに住む何百世帯の方々が果たして、ひとつの共同体として意思統一ができるのか」という点を指摘する声もあります。

ここで「投資としてのタワーマンション」と考えるならば、このような心配は少ないのかもしれません。**大規模修繕・建て替え**などは、タワーマンションを所有し永続的に住むと考えている方にとって必要なことであり、タワーマンションの1室を一定期間所有する投資対象として見ている方にはあてはまりません。つまり、実需用マンションでなければ、いいタイミングを見計らって購入し、貸し出して収益を得て、またタイミングを見計らって売ればいいわけです。

タワーマンション投資の利回りですが、賃料と販売価格から算出すると、都心等一等地では、おおむね2～4％前後とかなり低くなっています。各種税金や管理費用などを考えると、ほとんど利益は出ないようです。そのため、現在のタワーマンション投資は、キャピタルゲイン（価格上昇）狙いの投資となっているようです。

ワンルームマンションなど、初めから投資用として建てられたマンションは、売れ行きが見えにくいですが、主に大手デベロッパーが供給するタワーマンションの場合は、新規契約率・在庫数などが比較的容易にわかります。そのため、タワーマンションの販売状況は、不動産市況を読み解くひとつの指標としてあげられると思います。

ただ、少し前まではタワーマンション投資は、価格と税評価額とのあいだに開きがあることを利用して節税目的で購入する方もいました。税制度が見直されて少しは減ったようですが、また新たな節税スキームが登場すると、再び脚光を浴びるかもしれません。

ワンルームマンション投資

ワンルームマンション投資はここ数年、ふたたび活況を帯びてきています。ワンルームマンション投資セミナーも多く開催されており、また参加者数も増えているようです。

これまでワンルーム投資といえば、給与の高い専門職（医師、歯科医、弁護士など）の方が行なうというイメージでしたが、いまでは一般企業に勤めるサラリーマンはもちろん、「周りの友人知人が、投資用のワンルームマンションを買ったので、私も興味を持って……」というＯＬの方々も増えているようです。

私も時折、メディア主催の「マンション投資セミナー」などに講師として呼んでいただきますが、参加者の顔ぶれの多様さに驚かされます。20代の男性、女性から夫婦で参加されている方もいれば、ご年配の方々まで、多くの方が興味を持って、熱心に講演を聞いてくださいます。

そんな、活況が続く投資マンションですが、どれくらい発売されているのでしょうか？ **図表３－８**は不動産経済研究所「首都圏投資マン

図表3-8　首都圏投資用マンション発売戸数の推移

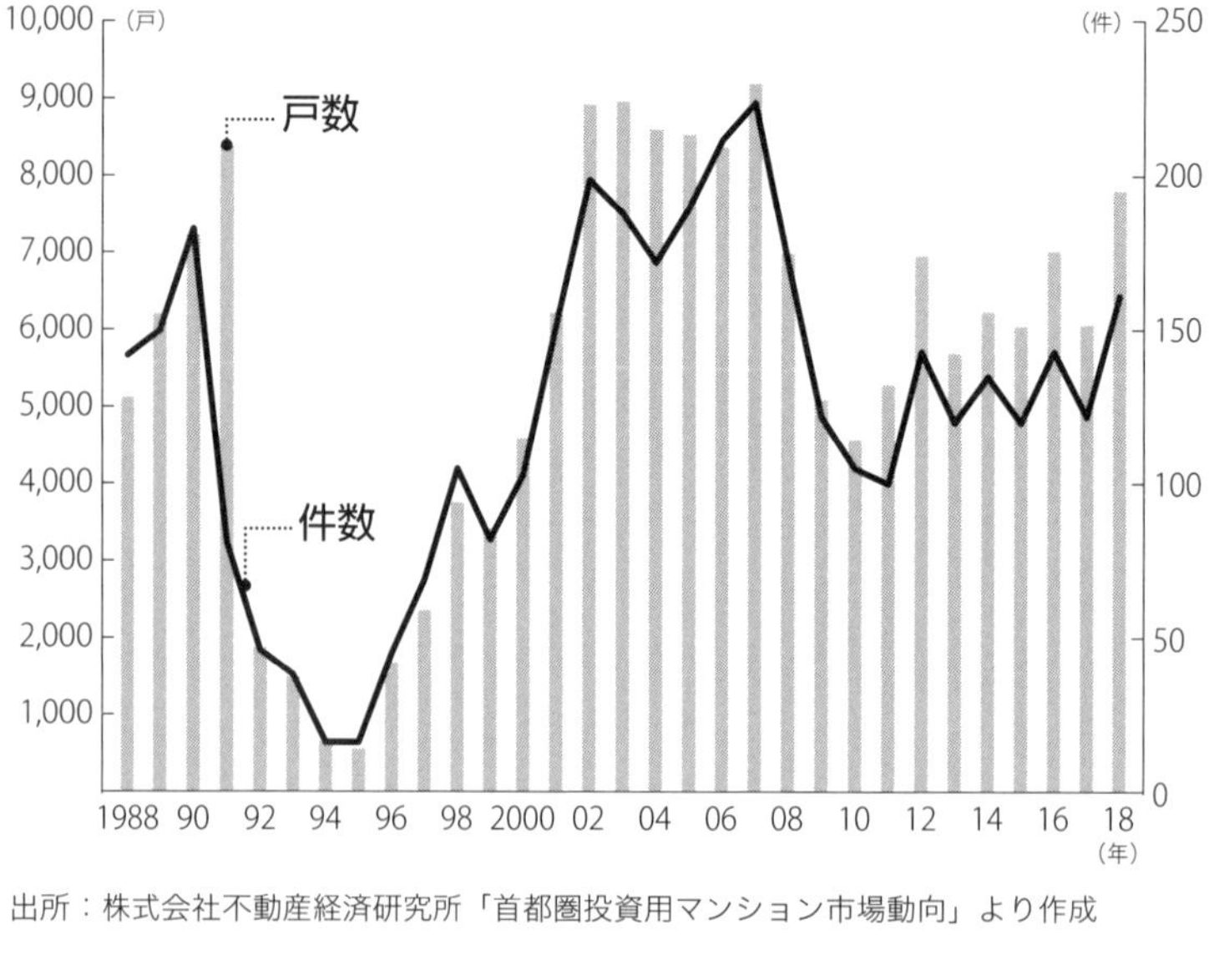

出所：株式会社不動産経済研究所「首都圏投資用マンション市場動向」より作成

ション市場動向」から作成した、1988〜2018年までの投資マンションの年別の発売戸数をグラフ化したものです。これを見ると、不動産市況の盛り上がり、あるいは公示地価の動きと投資マンションの発売戸数は、類似しています。

この期間で最も多くの投資用マンションが発売された時期は、2002〜2007年にかけてです。企業によるオフバランス化が進み、使っていない不動産・土地は売却するという「持たざる経営」がもてはやされた時期で、多くの土地が売りに出されました。そこに、多くの居住用（実需）マンションが建ちました。首都圏でマンションが10万戸以上建てられた年が続いた頃です。この間に投資用のマンションも多く建てられました（10万戸に含まれています）。8000〜1万戸の投資用マンションが建てられていますので、首都圏で建てられたマンションの10％弱はワンルーム主体の投資用マンションだった計算になります。

しかし、地価の高騰により、適切な土地が仕入れられなくなったミニバブル期（2005〜2008年）の後半には減ります。そこに、**リーマンショック**の追い打ちがあって需要が減り、2009〜2010年頃は半減します。この2002〜2008年頃に建てられた投資用マンション（主にワンルーム）は現在、築10〜15年の物件で、中古ワンルーム市場で多く出回っています。

一方、1980年代後半のバブル期は地価が高騰し、不動産価格は急上昇しました。この時期にも多くの投資用ワンルームマンションが建てられていますが、実は先ほど述べた2002年から200

7年頃の数に比べると少なかったようです。

ワンルームマンションは2011年頃からまた徐々に発売が増えます。その後、5000~7000戸で推移しています。不動産市況の盛り上がりは、2002~2007年に比べて現在のほうが長く続いており、またワンルームマンションを購入する方は増えていますが、新設物件供給数はさほど増えていないというのが現状です。

少し前まで「新築ワンルームマンションが即完売」というニュースを時折目にしましたが、買いたい方がいる割に供給が少ない状況だったのです。さすがに、ここにきて土地価格（マンション用地）上昇にともない、新築ワンルームマンション価格の上昇が続いているため、どの物件も「即完売」とまではいかないようです。しかし、ワンルームマンション市況はもう少し活況が続くように思えます。

ワンルーム投資は私的年金になり得るのか？

ワンルームマンションを購入する理由のひとつとして、「将来の年金の足しにするため」と答える方が多くいらっしゃいます。このフレーズはワンルームマンション営業担当者もよく使っているようです。

ワンルームマンション投資においては、所有するワンルームマンションからの賃料収入からローンを支払い、その他管理費用などの経費を引いた残りが収益となります。そしてローン支払いが終わると、経費を引いた残りすべてが入ってきます。

たとえば35歳で購入し、35年ローンを組むと70歳以降（繰り上げ返済しないという前提）には、経費を除いたすべてが収入となります。この収入が、年金のような意味合いになるというわけです。

日本の年金の仕組みは、少しややこしくてわかりにくいといわれています。基本的には、日本に住む人すべての人（20歳以上、60歳未満）が加入する「国民年金（基礎年金）」と、企業などに勤務している人が加入する「厚生年金」の2階建てになっています。さらに、企業に勤める従業員を対象として、企業が独自に運営する確定給付企業年金があります。

国民年金は65歳から支給を受けることができ、厚生年金の支給年齢は60歳からでしたが、現在段階的に引き上げられ、もうしばらくすると65歳からの支給になるようです。

国民年金の保険料は原則として全員が同じで定額です（令和元年度は1万6000円程度）。厚生年金の保険料は収入に対して定率ですので、つまり支給額は収入に応じて変わります。

これを前提に、以下のような例で「ワンルーム投資は私的年金になり得るのか」を見てみましょう。

月額賃料11万円、管理費修繕積立金などの経費が1万6500円（15％）かかる新築ワンルームマンションを3000万円で購入。ローンは35年で固定金利2％と仮定します。すると、月々の返済は9万9378円で、キャッシュフローは5878円のマイナスとなります（注：ただし、この期間は節税効果を期待できますので、実質的なマイナスは少なくなるもしくはプラスになります）。

しかし、これを完済したとき、つまり70歳以降は、国民年金（約5万〜6万円）＋厚生年金（各人により年金額は異なりますが、平均月15万円程度）に加えて、「賃料－経費」分が丸々毎月入ってきます。

これらを合計すると、ローン完済済みのワンルームマンションを持っていると、年金で20万〜21万円に加えて、ワンルームマンションの収益が入ります。ワンルームマンションの賃料は、東京23区で立地のいい場所の物件だと、築年数が多少古くても、賃料下落は少ないので、賃貸が10万円として、経費差し引き後（ローン返済済み）８万円以上あります。

ワンルームマンションを１つ持っていると、年金の20万〜21万円に約８万円が加わり28万〜29万円、２つ持っていると、（マンションの収益が同じだとして）36万〜37万円となります。先に示したように、仮にローン返済中の収益がマイナスだとしても、十分に元がとれるということになります。

さらに、最近では融資期間の最大年数が拡張している傾向があります。ある金融機関は、最大45年まで引き上げ、完済年齢も84歳までに延長しました。返済期間が長くなると、次々の返済も軽くなり、キャッシュフローもプラスになります。

前述の例だと、期間が35年から45年になると、毎月５８７８円の持ち出しだったものが、９２００円のプラスとなります。また、期間が長くなることで、高齢の方でもより長期間かつ高齢までローンを組むことができるようになりました。とはいえ、返済期間がリタイア後まで続くことのリスクがあるのではないかと思われる方も多いと思いますが、組み立てを工夫し、繰上げ返済を活用すれば大きな安心を得ることができます。

ここで、別のシミュレーションをしてみましょう。

たとえば、先ほどと同じ物件を2戸、44歳の方が84歳まで40年ローンで組んだとします。月々のキャッシュフローは1戸当たり2652円のプラスになります。この2戸の年間プラス収支6万3648円と、さらに預貯金に回していた100万円を毎年1戸目の繰上げ返済に集中的に回すとします。すると、およそ18年で完済できます。つまり、62歳には1戸目は完済できます。1戸目完済後は、家賃から経費を引いた丸々が収入となるので、これに加え引き続き2戸目のCFと毎年100万円の自己資金で繰上げ返済を続けたとすると、2戸目は1戸目返済から6年後の24年で完済します。つまり、68歳以降は、無借金のマンションを2戸所有することができるわけです。

いまのように預貯金をしても利息はほとんど期待できないことが長く続くようなら、このように繰上げ返済に回す案も、ありかもしれません。

いずれにせよ、ワンルームマンションを持つことで、将来の年金にプラスアルファの収入が期待できることは間違いなさそうです。ワンルームマンションをどうやって、どんな企業から買うとよいかについては、後述します。

第 4 章

不動産サイクル理論をベースにした「スマートな不動産投資」の方法

Strategies and Tactics for Real Estate Investment

「スマートな不動産投資」とは何か？

第4章では、第3章の内容をふまえて、もう一段上の「スマートに不動産投資」を行なう方法、とくに住宅系不動産投資について、われわれ専門家が考えている実践的なポイントについて述べていきます。

スマートな不動産投資とは、下げトレンドで、もしくは上昇期のはじめ頃に物件を購入する。そして、安定的な収益を上げそうな物件選びを行ない、普段は賃料収入（インカムゲイン）でコツコツ利益を上げ、サイクル次第でチャンスがくると、勝負に出て値上がり益（キャピタルゲイン）を狙いに行くというイメージです。

そのために不可欠な知識として、本章の前半では、基本編として不動産投資における利回りの考え方について、後半では実践編として「選ぶべき投資対象な何か」あるいは「一般の人は知らないけれど、不動産投資の業界では常識的な投資のポイント」、「業界関係者だけが知る裏話的なノウハウ」などをお伝えしたいと思います。

SECTION

4-1

「スマートな不動産投資」のために押さえておくべきポイント（理論編）

不動産投資における利回りをどう考えるか

不動産投資を行なう際に、いちばん気になるのは利回りだと思います。

不動産投資の「利回り」は、基本的には、

経費などを引いた純収益（年）÷物件価格＝NOI利回り……①

で計算しますが、単純に、

想定賃料収入（年）÷物件価格＝表面利回り……②

で算出することもあります。①のほうがより正確でわかりやすいと思います。

投資する方が、どれくらいの利回りの物件なら購入しようと思うか。つまり、求める「期待利回り」は、物件の種別、築年数、場所（立地）などにより異なります。また、投資する時期でも大きく異なります。

昨今のように不動産投資熱が活況の場合は、「以前よりも利回りが低いけれど、仕方がない」と思うでしょう。本来、不動産価格が上がり続けたとき、その流れに乗る感じで賃料も上昇するのですが、第3章で述べたように、価格に比べて賃料はその上昇ペースは遅い（賃料の遅行性）ので、「利回り」は低くなる傾向にあります。

もちろん、投資の原理原則でいえば、「利回りが以前より低くても投資を行なう」ということは、「以前よりリスクが低い」と判断しているということになります。

実践型利回り計算の方法

不動産投資の利回り計算は、基本的に「空きがない」状態で計算しますが、ここでは賃貸住宅投資を例にとり、「満室想定でない利回り計算」について説明します。

表面利回り＝満室想定賃料÷購入価格
純収益（ＮＯＩ）利回り＝（年間想定賃料－必要経費）÷物件価格

でした。

購入時は満室想定で計算すればいいのですが、実際には入居者は数年に一度のペースで入れ替わりますので、入れ替えに際して清掃や簡単なリフォーム（修繕）に約1か月程度の期間を要し、その期間分の賃料収入はありません。

そのため、純収益における年間賃料を細かく計算すると、

賃料×12か月－空室による損失

が、実際の賃料となります（たとえば、2年間で1か月の空室期間だとすると、0・5か月換算となります）。

都心の立地の悪くないワンルームマンションの空室想定は、2～4年間で1～2か月とみればいいと思います。

また、長期の**収支シミュレーション**を組む場合には賃料上昇下落想定をします。

賃料は築年数、相対的な競争力で基本的には決まりますが、都心好立地物件においては、この点では安定感がありますので、20年目ぐらいから少しマイナスとしておけばいいと思います。

一方、賃料にプラスをもたらす最も大きな要因はインフレーションです。日本はここ20年くらいほとんどインフレ状況がみられません（消費税分は除く）。そのため、あまりピンとこないかもしれませんが、インフレは賃料上昇をもたらします。この分をどれくらい賃料上昇に見込むかはむずかしいと思いますが、これからの日本経済は長期的に見るとインフレ基調だと予測されていますので、10年後くらいからすこしずつ賃料上昇を見込んでもいいかもしれません。

次に、必要経費です。

不動産投資では物件を買ったら、あとは家賃をもらうだけというわけにはいきません。オーナーは管理費（BM費）、修繕積立金、税金（ここまで、通常は必須。月単位・年単位あり）、PM費（たいていの人が委託する）、修理・リフォーム費（都度支払い）などさまざまな経費を負担しなければなりませんから、実質的な利回りは家賃からこれらの経費を差し引いたものを基準にして考える必要があります。

BMとは**建物マネジメント**、あるいは建物メンテナンスのことで、物件の日々の清掃、設備の管理・点検、警備、防火消防など、賃貸管理のハード面に関する業務をマンション管理会社に委託する際にかかる経費です。これは、基本的に必須です。

さらに、必須のものとしては修繕積立金があります。そして、年に1回固定資産税などの税金を納める必要があります。このほかに、キッチンやお風呂、トイレなどの設備が壊れたときにかかる費用もあります。

PMとは**プロパティマネジメント**のことで、空室が生じたときにテナントを誘致したり、入居者との契約を締結したり、あるいはクレーム処理や賃料回収、滞納督促など賃貸管理のソフト面に関する業務を管理会社に委託したりする際にかかる経費です。自分でこうしたことを行なえば、PM費はかかりませんが、専門会社に委託する方が多いようです、

表面利回りからこれら経費を差し引いたものが純利益（＝NOI）になります。NOIとはネット・オペレーティング・インカムの略です。このNOI利回りを少しでも高めるためには、必要経費のかかりにくい物件（修理・リフォームの必要性が少ない物件）にすることが大切です。

また、これらに加えて、融資を受けて購入するとローン支払いがあります。実際の利益は、上記計算式で残った純収益（NOI）からローン利息を引いたものです。当然のことながら、同じ金額、同じ想定賃料の物件を買って、同じように経費を払っても、利息支払い額、つまりローン金利により大きく収益が変わります。

新築ワンルームマンションを購入する際には、管理費や修繕積立金はマンションの規模などにより多少差がありますが、それ以外の費用はだいたい決まっていますので、やはり大きな差は金利という

ことになります。ちなみに、中古の投資用マンション（＝主にワンルームマンション）では、築年数が古いものになれば、管理費や修繕積立金の額に差があります。また、これら2つの費用が滞納されている場合も見られます。滞納があるかどうか（滞納オーナーがいるかどうかとその総額）は、重要なポイントですから、中古投資用マンションを買う場合は、購入前に確認してください。

不動産投資の基準となる「キャップレート」の推移

第1章でも少し述べましたが、不動産投資家の「期待利回り」は、**キャップレート**と呼ばれ、いくつかのシンクタンクなどがデータを収集・分析して表しています。第1章で掲載した図表1－8をここで、再掲します。

このグラフは不動産証券化協会が公表している不動産投資短観調査のキャップレートの推移です。ワンルームタイプにおける東京23区キャップレートは、ミニバブル期は低下傾向が続き、リーマンショック直前の2007年10月には5・2％となっていました。しかし、リーマンショックの影響が出始めた2008年4月には6・3％と急反発しました。リーマンショック直後に上がった（価格は下落した）ものの、すぐに低下の一途をたどり、いまでも投資意欲は高い状態となっています。この間の賃料はあまり変化していないため、キャップレートの低下は価格の上昇を意味しているといっていい

図表1-8 (再掲) 投資マンションの期待利回り (キャップレート) の推移

■ファミリー

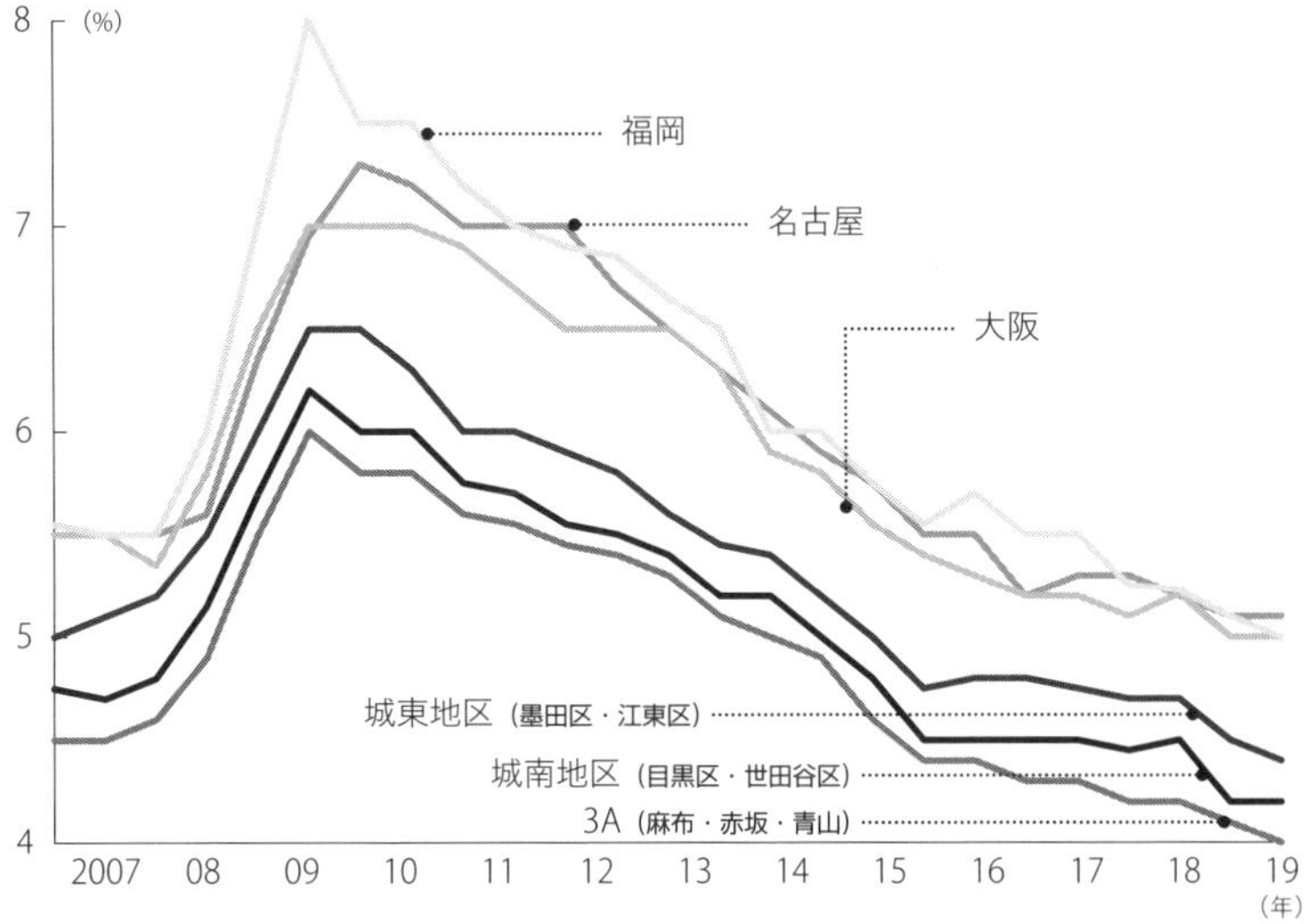

■ワンルーム

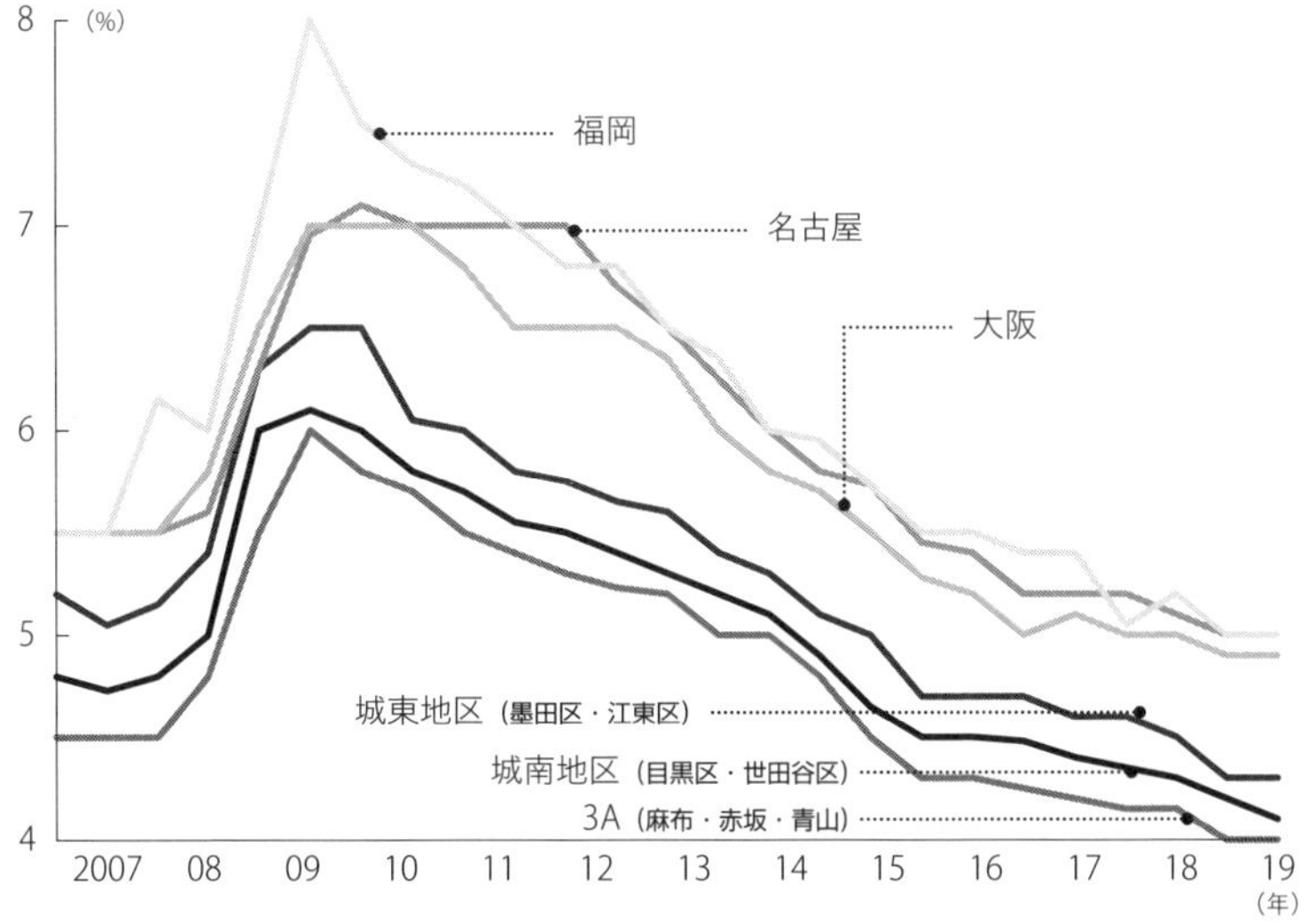

出所：一般財団法人不動産証券化協会「不動産投資短観調査」より作成

と思います。

また、リーマンショック前までは、東京、大阪、名古屋でそれほど大きな差はなかったものの、リーマンショックを境に東京とそれ以外の大都市の格差が広まりました。

そして、その後2012年中頃から低下傾向が続き、2015年10月には4・7%とミニバブルの最低値を下回りました。

現在、都心に位置する築5~10年の投資マンションとして標準的なワンルームマンションのキャップレートは4%台前半で、郊外でも5%台前半で推移しています。

立地による差については、極点な例でいえば、銀座の一等地にある商業ビルのキャップレートは2%前後というケースもあります。また、都心の超一等地のワンルームマンションにおいては3%台の新築物件も珍しくありません。

このように、キャップレートは物件ごとにかなり異なるので、標準的なキャップレートの数字だけにとらわれず、あくまでも基準として考えればいいと思います。

賃貸住宅のキャップレートの算出方法

賃貸住宅（ワンルームタイプ、ファミリータイムとも）の期待利回り（＝キャップレート）は、第1章でも簡単に

説明しましたが、理論上では、

リスクフリーレート（r^f）＋不動産固有のリスクプレミアム（r^s）＋立地地域のリスクプレミアム（r^l）＋α

と考えられます。

リスクフリーレートは基本的に日本国債10年物（ＪＧＢ10）を適用します。また不動産固有のリスクはおおむね３〜４％台前半と考えられています。地域のリスクプレミアムは最も賃料の高いエリア（たとえば、麻布、青山、赤坂エリアなど）との差を見るといいと思います。

たとえば、都心のある場所での賃貸住宅（ワンルーム）のキャップレートが４・１％だったとすると、その内訳は０・１％（r^f）＋３・７％（r^s）＋０・３％（r^l）というふうに考えるといいでしょう（ここではαは考慮していません）。

いま０％程度の10年国債の金利が、たとえば１％に上がると、リスクフリーレートが１・０％になりますから、キャップレートは５・１％になります。また、地方都市では、地域プレミアムの上乗せが必要です。たとえば、「大阪だと地域プレミアムが０・５％になる……」という感じで計算するといいでしょう。地域プレミアムの率は、第８章で紹介する不動産証券化協会のホームページのなかの「不動産投資短期観測調査」に掲載されています。

物件自体の値下がりリスクをきちんと判断する

ここまでに述べてきたように、不動産投資をする場合、多くの人は得られる賃料を基準とした利回りを投資の優劣を判断する指針にすると思います。ただ、利回りだけを見て投資先を判断すると、大きな失敗をする恐れがあるので要注意です。

たとえば、この表面利回りが10％、あるいは15％というように高い物件があったとして、それは果たして有利な投資物件として考えられるでしょうか。

表面利回りが高い物件であったとしても、その物件の価格が大きく値下がりしてしまったら、結局、物件を売却したときに売却損が生じ、その間に得た家賃収入が全部吹き飛んでしまうことも考えられます。購入時の金額が５０００万円だったものが、20年後に売却する際には１０００万円まで下がっていたらどうでしょうか。年間の家賃収入が２４０万円ですから、20年間で得られる家賃収入は４８００万円。一方、５０００万円で購入した物件が１０００万円まで値下がりすれば、この時点で４０００万円の損失が生じます。結果、20年間で得られた収益は８００万円足らずになります。

ということは、利回りの高さとともに物件を売却する際にどの程度の値落ちがあるのかということを考えることが大切です。

まず、表面利回りが高い物件は、それだけリスクも高い物件であることを認識しておく必要があります。たとえば、年12％の利回りが得られる神奈川県小田原市の物件と、年４％の東京赤坂の物件があったとします。たしかに、利回りだけを見れば小田原の物件が有利ですが、小田原の物件は表面利回りが高い分だけ、何か高いリスクがあると考えるべきです。

そのリスクとは、空室が増え、賃料が下落するリスクなどです。空室を埋めるために賃料を下げざるを得なくなり、結果的に月々の賃料収入が落ち込んでいくわけです。当然、賃料が下がるような状況であれば、物件の価格自体が下がるリスクが高くなます。これらを織り込んだうえで、小田原の物件には年12％という利回りになっていると考えるといいでしょう。

賃貸住宅の利回りを決めるのは前項の公式ですが、そのαの部分を決める要因として主要なものが3つあります。

第一に立地です。地域プレミアムより狭い範囲での立地という考え方です。駅までの距離が短い、平坦である、近所にスーパーやコンビニエンスストア、病院など生活利便を高める施設がある……といった点などがプラスになります。こうした立地条件の良い物件ほど借りたい人が多くなるので、その分、物件の価格が高くなり、利回りは低下気味になります。

第二は構造です。建物の構造によって法定耐用年数が異なります。たとえば住宅用途の法定耐用年数は、ＳＲＣ造・ＲＣ造が47年、重量鉄骨造が34年、軽量鉄骨造が27年、木造が22年です。この法定耐用年数の違いによって減価償却費が変わってくるため、物件の価格は利回りにも影響を及ぼします。また、物件の融資借入期間にも影響があります。

第三は築年数です。当然、築浅物件に比べて古い建物の価格は安くなる可能性がありますが、家賃は物件価格差ほど安くならないため、表面利回りは高くなる可能性があります。築25年以上の物件は、融資期間が短くなる、室内修繕費がかさむ可能性がある、大規模修繕で積立金が足りなくなっている可能性がある……など、物件購入に際して慎重に見定めることが求められます。そういう意味では、築年数が20年を超える物件は専門家向きかもしれません。

キャップレートの読み解き方

先ほども述べたように、キャップレートは不動産の市況により変化しますが、同じ市況下においても、家賃下落リスクや空室リスクといったリスクが大きくなるほど、賃貸物件を保有している投資家が期待する利回りは高くなり、これらのリスクが小さくなるほど低くなります。これはたいてい立地地域で決まります。当然ですが良い立地地域のほうが低く、逆は高くなります。

また、同じ場所にある物件でも、物件の状況によって大きく異なります。同じ赤坂のワンルームマンションでも、築古でボロボロのワンルームマンションと、築1年程度の新しいワンルームマンションでは物件そのものが持つプレミアムが違うということです。築年数が古くなれば、その分、さまざまなリスクを抱えます。つまり物件固有のプレミアムは高くなります。前述したように家賃下落、空室の発生、修繕費出費などがそれです。こうした合計の結果、リスク要因が多いと考えられる物件ほど、キャップレートは高くなります。

では、キャップレートに、サイクルはあるのでしょうか。

キャップレートは、理論上は、リスクフリーレート（通常は10年物国債の金利）に不動産固有のリスクプレミアム（おおむね、プラス3〜4%台前半）、立地地域のリスクプレミアム（都心一等地などを基準＝0として、プラス数%〜∞）、その他のリスクプレミアムを上乗せして求められます。これらの要素は、基本的にサイクルで上がったり下がったりするものではありません。しかし、結果として、賃料が一定だと仮定すると、キャップレートは投資対象不動産の価格の上下に連動します。こうした意味では、価格のサイクルに類似します。ここ20年くらいの様相を見ると、価格上昇基調が鮮明になる前に、キャップレート低下の傾向が見られます。そのため、先行指標としてみてもよいかもしれません。

さらに、キャップレートには、必ず底があります。いうまでもなく、マイナスの利回りで投資する方は（理論上）いませんので、0以下はあり得ません。また、先に述べた式に当てはめると、長期国債の金利以下もあり得ません。こうして考えると、3%台前半あたりが、理屈で考えるキャップレートの底といえます。

SECTION

4-2

「スマートな不動産投資」のために押さえておくべきポイント（実践編）

ワンルームマンション投資か区分所有マンション投資か？

購入した物件を第三者に貸し出して賃料収入を得る場合、ワンルームマンションに投資するのと、タワーマンションの上層階に投資するのと、どちらが有利でしょうか。

多くの方は、「タワーマンションの上層階といえば憧れの象徴。家賃も多く取れそうだし、ワンルームマンションよりも有利に運用できるはず」と思うかもしれません。

1部屋2000万円のワンルームマンションを9部屋保有するのと、1億8000万円のタワーマンションの上層階を1部屋持った場合とで比較してみましょう。投資する金額は両者とも同額の1億8000万円と仮定します。

ここでポイントになるのが**賃料ボラティリティ**と**空室確率**です。

ボラティリティとは変動幅のことです。当然、ボラティリティが高ければ、賃料の変動幅は大きくなります。また空室確率は自分が保有している部屋のうち、どの程度空室になる確率があるのかを示すものですが、タワーマンションを1部屋しか保有していない場合、空室は1か0になります。誰も入居しなければ、そこから家賃は1円たりとも発生しません。これでは大枚を叩いてタワーマンションの上層階の部屋を購入した意味がなくなります。さらにいえば、景気が悪くなって借主から家賃の引き下げ交渉が行なわれた場合、保有しているのが1部屋だけだと、その影響をもろに受けます。それだけ賃料ボラティリティが高くなるのです。

一方、ワンルームマンションの場合はどうでしょうか。同じ1億8000万円の資金で1部屋2000万円のワンルームマンション9部屋を保有した場合、仮に1部屋が空室になったとしても、賃料収入に及ぼす影響は9分の1に抑えられます。1か0ではないのです。これは、まさに分散投資効果といってもいいでしょう。

また**賃料ボラティリティ**もワンルームマンションのほうが小さく抑えられます。

たとえばタワーマンションの賃料が1か月100万円だとしましょう。年間の賃料収入が1200万円なので、利回りは年6・7％です。

これに対してワンルームマンションの1部屋の賃料収入が9万円だとしましょう。9万円が9部屋ですから、1か月の賃料収入は81万円です。年間の賃料収入が972万円なので、全部屋を合わせた利回りは5・4%です。

この例ではたしかに表面上の利回りはタワーマンションのほうが有利なのですが、景気が悪くなり借主サイドが家賃の引き下げ交渉を行なった場合、一般的にどの程度まで家賃が下がるのかを考えてみます。

ワンルームマンションの場合は月の家賃が9万円だとすると、おおむね8万8000円程度までしか下がりません。仮に全部屋下げたとして、月の家賃収入は79万2000円。年間の家賃収入は950万4000円なので、利回りは5・28%です。

ところがタワーマンションの上層階になると、家賃の下落幅が非常に大きくなります。仮に年間の家賃が100万円だとしたら、それが75万円になるケースもあります。月の家賃が75万円だと年間の家賃収入は900万円ですから、利回りは5%まで急落してしまいます。そのうえ、家賃が払えずに退去するとなると、新たに入居してくれる人がタイミングよく現れない限り、しばらく空室が続き、家賃収入がないことにもなりかねません。

もちろん賃料の下げ幅が大きいということは、逆に景気が良くなって家賃を引き上げるときの幅も大きくなることを意味します。たとえばワンルームマンションだと、せいぜい9万2000円程度までしか引き上げられませんが、タワーマンションの上層階ともなれば、100万円だった家賃を12

0万円くらいまで引き上げることも可能です。

しかし、やはり投資対象として考えた場合、どちらがいいかといえば、やはりワンルームマンションだと思います。そのほうが分散効果が効いてキャッシュフローは安定するため、資金繰りも楽になるのです。

なお、第3章でも述べましたが、現在のマンション価格（タワーマンションに限らず）は高騰しているため、いま述べた例のような高い利回りを期待することはむずかしい状況です。

1棟マンション投資と区分マンション投資のメリットとデメリット

かつては、不動産投資といえば資産家や高年収で安定的な収入がある方が行なうイメージでした。こうした方々に販売会社が電話をかけて、「税務対策、将来の年金の加算」をうたい契約をしていたようです。

しかし、最近は普通に会社勤めをしている方でも不動産投資に興味を持っています。そのいちばんの理由は「将来不安」でしょうか。いま、若い方のあいだでは「将来、年金が受け取れなくなるのではないか」、「仮に受け取れたとしても、いまの高齢者が受け取っている額に比べて大幅に減額されるのではないか」、「年金の受給開始年齢がいまの65歳から70歳、あるいは75歳に引き上げられるのではないか」といった不安の声が上がっています。それならば政府に頼る前に自分たちで何とか老後のキャッシュフローを確保しようということで、たとえばワンルームマンション投資によって賃料収入を得ようと考えているようです。

あるいは、株式投資やＦＸ投資などと同様に、純粋な投資対象として不動産に興味を持つ人もいます。その背景には銀行など金融機関が不動産向けの融資を積極化した時期があったことがあります。そういう人のなかには複数のワンルームマンションや賃貸住宅を保有する人もいます。そして、そこからさらに手を広げて、１棟もの賃貸マンションや賃貸住宅への投資を考える人も出てきます。

では、ワンルームマンションのような区分投資と、１棟ものの賃貸マンションに投資するのとでは、どのような点が異なるのでしょうか。それぞれについてメリットや投資する際の注意点を考えてみたいと思います。

まずは、金額と売却時の流動性について考えます。

近年のワンルームマンションで、都心の超一等地に建つ物件などは、坪単価が４００万円を超えるものも増えており、平均的な25平方メートル（7・5坪）の物件で３０００万円という高級な物件も珍しくなくなりました。平均的な新築物件は東京中心部で３０００万～３５００万円、関西、名古屋では１５００万～２５００万円という状況です。

これに対して新築の１棟物件だと、大都市圏では大抵1億円以上します。中心価格帯でいうと2億

～8億円というところでしょうか。これだけ金額に差があると、実際に投資する際の「思い切り度合い」も大分違ったものになります。当然、1棟投資のほうが借入額も大きくなるため、投資家が背負うリスクが大きくなります。保有している物件を売却する際も、ワンルームマンションのような区分投資の場合は比較的簡単に買い手が見つかりますが、1棟ものになると金額が張るだけに、そう簡単に新たな買い手が見つかりません。流動性リスクは1棟投資のほうが高くなります。

次に**空室リスク**です。空室リスクは立地・賃料などによって変わります。一般にはワンルームマンション投資の場合は、空室可能性が低い一等地に建てることが多いため、空室リスクは低いともいえますが、需要が安定していない立地の場合は注意が必要です。

また、空室リスクに関して大きく違う点が2つあります。

1つは、1棟ものの賃貸物件の場合、1棟に複数の部屋ありますので、空室リスクを分散できます。これに対してワンルームマンションの場合、もちろん複数の物件を持っていれば話は別ですが、1つの物件だけしか所有していない場合は、そこが空室になると、空室率は100%ということになってしまいます。

なお、1棟もの物件で空室リスクに備える場合、サブリース会社と一括借上契約を結べる可能性があります。一方、ワンルームをサブリースする例ももちろんありますが、あまり多くありません。

新築がいいのか中古がいいのか？

これは、「どちらとも言えない」が正しく、それぞれにメリットデメリットがあります。

一般的に投資用マンションでは、購入時の利回りという観点では、新築物件よりも中古物件のほうが、不動産投資には有利といわれています。なぜなら、当初の物件購入価格が割安になる分だけ、利回りが高くなるからです。

不動産投資の利回りをざっくりといえば、毎月入ってくる家賃収入の1年分の合計額を、物件の価格で割って求められます（正確には諸費用や諸経費を家賃から差し引きます）。たとえば家賃収入が月10万円だとしたら、年間の家賃収入は１２０万円です。仮に物件の価格が３０００万円だとしたら、利回りは４％です。

ですから、新築物件よりは中古物件のほうが物件の価格が安い分、投資対象としては有利だと考えられます。

ただ、中古物件だからといって必ずしも有利ではない面もあることに注意が必要です。中古物件は中古物件なりのリスクがあり、時には新築物件よりも不利になるケースがあるのです。

まず、そもそもどうして中古物件は新築物件に比べて割安なのでしょうか。これは新築物件の場合、新築物件を売り出すのに必要な販促促進費など、さまざまな経費が正味の価格に上乗せされていることが大きな理由です。

これに対して中古物件の場合は、あくまでも売り手と買い手の需給バランスによって価格が決まるため、新築のような販促系の経費が上乗せされていません。

ただし、中古物件にも弱点はあります。

たとえば融資期間が短くなるケースが想定されます。たとえば築30年以上の中古物件を購入するとしましょう。中古物件の融資は耐用年数が大きく影響してきます。たとえばマンションに多い鉄筋コンクリート造だと、耐用年数は47年です。仮に築30年のマンションを購入した場合、最長でも17年のローンしか組むことができません。期間が短くなる結果、月々に支払う住宅ローンの負担額が大きくなるため、キャッシュフローは悪くなります。

また築年数がかなり古い物件は、似たような条件の新築に比べて家賃を低く設定しなければ、借り手がつきにくいものです。また、似たような条件であれば新築よりも空室リスクが高くなると考えられます。誰でも、条件さえ折り合えば、できるだけ新しくてきれいな部屋に住みたいと考えますから、その点で中古物件の、しかも築年数の古い建物は不利といえます。もちろん、たとえば原宿や表参道のど真ん中にあるような物件だと、たとえ築60年でも非常に高い家賃の物件はあるのですが、それは例外です。一般論でいえば、築年数の古い中古物件は、低家賃、空室リスクという問題点を抱えています。

また、中古物件はメンテナンス、あるいはリフォームのコストがかかりやすいということもあります。エアコンやシャワートイレ、お風呂といった住宅設備は、15年から20年くらいが交換期とされています。私が保有しているマンションも、購入したときに築11年でしたが、翌年にはエアコンが壊れました。エアコン付きの条件で賃貸に出していれば、壊れたときにはオーナーが新品に交換しなければなりませんから、それだけで10万円前後の出費です。こうなると、物件によっては1年間の利益ぐらいは簡単に吹き飛んでしまいます。

たしかに、購入時に利回りを計算してみると中古物件のほうが有利に見えることが多いのですが、融資条件や空室リスク、低家賃、メンテナンスやリフォームのコストなど、中古物件ならではのリスクがあることには留意しておく必要があります。

中古投資物件流通の仕組み

前項で中古投資物件のリスクについて触れましたが、加えて中古投資用マンションの流通の仕組みについて、簡単に説明しておきます。流通の仕組みが価格に影響していますから、もし中古のワンルームマンションなどに投資してみようと考えているならば、憶えておいて損はない知識だと思います。

あなたが住んでいるマンションの郵便受けを見ると、いろいろなチラシやダイレクトメールが入っていると思いますが、そのなかに「あなたが持っているマンションを売りませんか」と書かれたチラシやダイレクトメールが混ざっていた経験をお持ちの方もいることでしょう。なかには電話がかかってくるケースもあります。

これらの多くは「**物上**《ぶつあ》**げ業者**」によるものです。物上げとは、売り出し物件を調達する人という意味の不動産業界用語です。物上げ業者は常に売り物を探していて、適当な売り物を探すために、前述したようにダイレクトメールやチラシ、電話によって現在のオーナーに売却を促します。

提示された価格に納得して、現在のマンションのオーナーが物上げ業者に売却すると、物上げ業者は買い取ったマンションを中古マンションの販売業者に卸します。中古マンションの販売業者は物上げ業者から買い取った物件を、次のオーナーに販売して、新オーナーが誕生します。ちなみに物上げ業者と中古マンションの販売業者が異なることもあれば、1社で両方の機能を果たしている業者もあります。

さて、売り主をA、物上げ業者をB、販売業者をC、買主をDとして、中古物件がどのように流通するのかを説明してみましょう。

まず、いま所有している投資用マンションを売却したいと考えているAから、それを買いたいと考えているDへと所有権が移転するためには、Aから物件を買い上げるB、それをBがCに卸す、というプロセスを経て、初めてDへと物件が渡ります。

このとき、外部から見ている限りは、「Aさんが売却したマンションをDさんが購入した」というように見えるのですが、実際にはその間に物上げ業者であるBと、販売業者であるCが入っているため、通常は売買契約と不動産登記はAとDのあいだで行なわれるのではなく、AとB、BとC、CとDのあいだで、それぞれ交わされることになります。

このように中間業者が増えるほど、買主であるDさんに提示される値段は高くなります。Aさんが物上げ業者であるBに1000万円で売却した場合、Bはそこに自分たちが得る利益を乗せます。仮に10%は利益として欲しいのであれば、1100万円で販売業者Cに売り渡しますが、前述したように、Aさんから物件が移転する際には登記をしなければならないので、その手数料が50万円くらいかかります。ということは、BがCに物件を移転させる際には、Bが得る利益と、登記にかかった経費を上乗せするため、最低でも1150万円でCに売却することになります。

1150万円で買い取ったCは、販売業者としての利益を乗せます。同じく10%の利益を乗せるとしたら、1265万円でDさんに販売することになりますが、最終的にDさんがこの物件を購入する場合、不動産登記を行なう必要があるので、50万円程度の手数料をDさんが負担しなければなりません。それを含めると、Dさんの購入金額は1315万円になります。

つまり、売り主であるAさんが売却した際の金額が1000万円でも、買主であるDさんが購入する際の金額は１３１５万円になってしまうのです。

そこでよく行なわれるのが「**中間省略登記**」という方法です。不動産業界では「**三為契約**」といいます。「第三者の為の契約」を省略して「三為契約」ですが、この方法を用いれば、登記に必要な手数料を削減することができます。たとえば売り主Ａ、中間業者Ｂ、買主Ｃがいたとしましょう。この場合、通常であればＢがＡからマンションを買い付ける際に、登記の手数料を払い、さらに買主であるＣが中間業者であるＢからマンションを買い付ける際にも、登記に伴う手数料を支払わなければなりませんが、三為契約の場合は、厳密にいえば、

①ＡとＢのあいだで「第三者の為にする売買契約」
②ＢとＣのあいだで「他人物売買契約」

という契約を締結します。これによって、中間登記にかかっていた手数料を削減できることになります。つまり、上記の契約を締結することによって、中間業者であるＢは不動産登記をする必要がなくなるため、本来ならここでかかるはずの50万円の手数料が発生しないのです。もちろん、Ｃは登記をする必要がありますが、中間業者の登記にかかる手数料がカットされる分だけ、トータルで安く物件を手に入れられる可能性があります。

登記にかかる手数料がカットされた分がCさんの得になるのではなく、中間業者Bのマージンになる可能性があるため、Cさんとしては三為契約によって購入費の総額を安く抑えられるかどうかは何ともいえません。

この三為契約については賛否両論あります。否定的な立場の人は、中間業者が受け取る中間マージンを割高に設定するため、最終的には中間省略しない登記に比べても、大差はないという意見です。

以上が投資マンションの物上げ型ですが、中古物件の売買に際してはもうひとつ、仲介型というのもあります。

仲介型の場合、宅地建物取引業法によって仲介手数料の上限金額が決められています。それは、

仲介手数料＝売買金額×3％＋6万円×1・10（消費税分）

です。仮にAさんから物件を買い取ったときの価格が1000万円だとしたら、仲介手数料の金額は36万円です。

物上げ型よりも利益が低いため、中古のワンルームマンションの売買は、圧倒的に物上げ型になります。時々、仲介型で取引されるケースもありますが、大半は物上げ型というのが実態です。

ですから、中古物件だから価格が適正であるとは限りません。新築物件の場合は、販売促進費が上

乗せされているため、価格そのものが割高になりますが、中古物件でも、物上げ型だと中間業者がどの程度のマージンを上乗せしているのかによって、価格が大きく変わってくるのです。

中古物件はどこの会社から買うかで融資条件が変わる

不動産投資のなかでも価格面のハードルが比較的低いため、普通の会社員にも人気を集めているのがワンルームマンション投資です。とはいえ、通常は自己資金に加えて金融機関からの融資を得て投資を行ないます。その際、良い条件で融資を受けることができるかどうかが大切ですが、実は販売業者によって融資条件が異なることは覚えておいていいと思います。

そもそも、誰でも簡単に銀行からお金を借りられるわけではありません。銀行も商売ですから、きちんと利息を払ってくれたうえで元本を完済してくれそうな人にお金を貸したいのです。そのため、融資にあたっては、物件の担保価値と融資を受けようとしている人の信用状況、資産や収入の状況などを精査します。

物件が東京をはじめとする大都市圏であれば、物件の担保価値が安定しているので、融資を受けるに際して問題になることはあまりありません（違法建築物件などを除く）。また、公務員や大企業に勤務している人なら、よりお金が借りやすいかもしれません。

ここで注目したいのが、販売業者選びです。販売業者には老舗もあれば新興もあります。当然、老舗の販売会社から購入すると、これまでの実績と信用があるので、銀行からの融資も受けやすくなります。新築のワンルームマンションを扱っている販売業者は多くが上場企業なので、対外的な信用力もありますし、最初から提携ローンをつけているものもあるので、融資が受けられないといったケースはあまりありません。注意が必要なのは中古物件を扱っている販売業者で、とくに新興の場合だと、対外的な信用力がまだそれほどないので、提携ローンがないのはもちろん、銀行から融資を受ける際にもハードルが高くなるのが一般的です。

もちろん、新興の販売業者ではまったくローンが組めないのかというと、決してそうではありません。地方銀行には新興の販売業者にも融資を出してくれるケースがあるようです。ただし、金利が高いこともあり得ますから注意が必要です。

専門家は表に出ない物件を買う!?

「表に出ない」といっても、問題がある物件というわけではなく、「何らかの理由で売れ残った物件」のことです。

たとえば、マンションのデベロッパーが土地を調達して、マンションの建設を始めたとします。土地を調達すると同時に、大方のデベロッパーはプロジェクトファイナンスをつけます。「この物件は土地が10億円、建物が10億円の合計20億円ですが、これにわれわれの利益を乗せて合計25億円で販売しようと思います。ですから20億円を貸してください」ということで、まず20億円を金融機関などから調達して、マンションの建設がスタートします。

仮に、6月から工事に着工して12月完成予定だとしましょう。事前に募集をかけて、完成時点には全戸を売り切れるはずだという計画のもと、借りた20億円の返済は年明け2月に設定しました。

もちろん予定どおり全戸販売できれば、銀行からプロジェクトファイナンスを受けた20億円＋利息を返済して、このプロジェクトは無事に終了です。デベロッパーの手元には5億円弱の利益も残ってめでたしということになるのですが、時には売れ残りが出ることもあります。

仮に、1戸の値段を5000万円としましょう。総額25億円の物件ですから、1戸5000万円で総戸数は50戸です。このうち10戸が売れ残ったとしましょう。

10戸売れなかったとすると、この時点で5億円が不足します。デベロッパーとしては目論見が外れたわけですが、このように売れ残った戸数が増えれば増えるほど、銀行への返済計画に狂いが生じてしまいます。そこでデベロッパーは銀行に対して、この5億円分を借り換えさせてくれとお願いします。

しかし、銀行側はなかなか借り換えに応じてくれないかもしれません。なぜなら、今回の募集で売れ残ったということは、今後もなかなか売れない恐れがあるからです。したがって銀行としては、5億円の借り換えに応じてしまえば、なかなか買い手が付かなくて、回収に時間がかかるかもしれないと考えます。そうなると、銀行としては借り換えに応じるのがむずかしくなります。

また、借り換えをお願いするデベロッパーの側も、借り換えをする以上、それに伴う手数料が発生しますから、余計な持ち出しが増えてしまいます。そこでデベロッパーが考えるのは、値段を下げてでも何とか売り切ってしまおうということです。総額25億円で、このうち20億円分は売れていますから、自分のところが得る利益を多少減らしてでも、売り切ったほうがいいという判断です。

そこで1戸当たりの価格を、5000万円ではなく、たとえば3500万円まで値下げしてもいいので、売り切ってしまおうという話が持ち上がってきます。本来、5000万円の物件が3500万円ですから、これはおトクな話です。

こうした話は不動産業界内で人づてに伝わるようです。「5000万円の物件が余っていて3500万円で売りますから、誰か買う人はいませんか。ただし○月○日までに絶対お金を支払ってください」というわけです。

それと同じようなものですが、もっとまとまった資金が動かせる人であれば、デフォルト（倒産）物件を買うという手もあります。

たとえばワンルームマンションのデベロッパーが倒産した場合など、建物はできているのだけれども、まだ販売までたどり着いておらず、大量に売れ残った状態の物件が出てくることもあります。そのようなワンルームマンションが１００戸あり、それを担保として押さえていた銀行では売れないので、その不良債権をサービサーという債権回収業者が60％引き、70％引きで買ってきたというケースです。

仮に60％引きで、サービサーが銀行から１００戸のワンルームマンションを買ってきたとします。サービサーとしては10％の利益が得られればいいからということで、50％引きで転売しました。すると、元の値段の半分で１００戸のワンルームマンションを購入できます。このような物件もやはり不動産業界内で人づてに出てくるのです。

もちろん、こうした物件を購入するには、不動産業界にかなり近いところにいないと、情報そのものが回ってきません。

もし、親しい友人に不動産関係者がいるならば、日常的に話を聞くのははばかられるとしても、自分自身がマンションを購入したいというときであれば、相談してみる手もあるでしょう。タイミングがよければ、「そういえばこんな訳あり物件があって、普通に買うよりも安く買えるかもしれないよ」と教えてくれるかもしれません。

第 5 章

人口減少下での住宅・賃貸住宅の需要はどうなるのか？

Strategies and Tactics for Real Estate Investment

人口が減少するといわれるなか
不動産投資のリスクはどうなのか？

第４章では不動産投資、とくに住宅用不動産投資について検討してきました。しかし、そもそも「この先、人口が減る国の住宅に投資をしてもいいのか？」という声も聞かれます。

人口減少は、いうまでもなくその国自体の地力の低下につながります。人口減少に加えて、シェアリングエコノミーの広がり、エコ思想の広がりなどにより、１人当たりの消費が増える様相がない状況下では、ＧＤＰの伸びは期待できません。

ただ、「人口が減少する＝不動産価格が下がる」と安易に結びつけるのは、少し違うのではないかと思います。人口減少により、長期的にみれば国全体の不動産の価値（ＧＤＰにならえば、ＧＤＲＥ＝gross domestic real estate value）は下がるかもしれません。しかし、全体が一様に下がるのではなくて、上がるところもあれば、大きく下がるところもある……という何極かに分かれた状態になると思います。

そのときに鍵となるのは、人口動態（人口の変動）つまり、日本国国民の増減・移動・構成……などの変化です。ここでは、日本の人口動態データに注目しながら、「どう不動産投資を行なえばいいのか」について考えます。

SECTION

5-1

人口は減少しても世帯数は増え続ける

住宅のニーズを左右するのは世帯数

総務省から発表された2019年1月1日現在の**住民基本台帳**に基づく**人口動態調査**によると、日本の人口は1億2477万人で前年から41万人減少となっています。減少幅は0・35%ですが、人口減少は10年連続となっており、日本の人口減少は少しずつ確実に進んでいます。

都道府県別に見ると、増えているのは東京、埼玉、千葉、神奈川の一都三県と沖縄県の5つにとどまり、あとの42道府県は減少となっています。最も増えたのは東京都で＋7万3000人（＋0・56%）、つづいて神奈川県の4100人（＋0・05%）となっています。逆に、北海道は4万人近く減少しており減少数ではトップです。割合では秋田県がマイナス1・48%でトップになっています（人数は概数）。

詳細は**図表5－1**を見てください。

今回の調査結果発表に際して、人口減少についてメディアは大きく報道しましたが、一方、世帯数が人口減少以上の割合で大きく増加したことはあまり報じられていません。

日本全国の世帯数は、調査開始（昭和43年）以降毎年増加しており、日本人世帯は5699万6515世帯（＋38万2516世帯、＋0・68％）、外国人世帯を含めると、5852万7117世帯（＋51万9581世帯、＋0・90％）となっています。かなりの勢いで世帯数は増加していることがわかります。

各都道府県の状況は**図表5－2**を見てください。

また、1世帯当たりの構成人員は2・18人

図表5-1　2018年→2019年の都道府県別人口増減率（日本人のみ）

都道府県	増減率	都道府県	増減率	都道府県	増減率
合計	-0.35	栃木県	-0.59	鹿児島県	-0.84
東京都	0.56	熊本県	-0.62	大分県	-0.85
沖縄県	0.18	茨城県	-0.62	鳥取県	-0.89
神奈川県	0.05	佐賀県	-0.62	島根県	-0.92
千葉県	0.03	静岡県	-0.63	愛媛県	-0.93
埼玉県	0.02	群馬県	-0.64	徳島県	-0.97
愛知県	-0.06	香川県	-0.69	山口県	-1.01
福岡県	-0.09	福井県	-0.71	長崎県	-1.02
滋賀県	-0.16	三重県	-0.71	新潟県	-1.02
大阪府	-0.21	長野県	-0.71	福島県	-1.04
兵庫県	-0.43	奈良県	-0.71	和歌山県	-1.10
宮城県	-0.44	岐阜県	-0.73	山形県	-1.11
京都府	-0.45	北海道	-0.74	高知県	-1.11
広島県	-0.48	富山県	-0.74	岩手県	-1.17
石川県	-0.53	山梨県	-0.81	青森県	-1.28
岡山県	-0.59	宮崎県	-0.81	秋田県	-1.48

出所：総務省「住民基本台帳に基づく人口、人口動態及び世帯数（平成30年、31年、1月1日現在）」より作成

となっており、こちらは毎年減少しています。1世帯当たりの平均構成人員を都道府県別に見ると、最も多いのは福井県（2・66人）で、次に山形県（2・64人）、富山県（2・52人）の順となっています。逆に最も少ないのは北海道（1・907人）で、次に東京都（1・909人）、鹿児島県（2・03人）の順となっています。ちなみに、日本に住む外国人住民の世帯の1世帯当たりの平均構成人員は1・74人となっています。

平成元年1989年時点では1世帯当たりの構成人員は3・02でしたので、現在までに約1人減っていることになります。これは、**単独世帯**の増加、夫婦世帯の増加、子供人数の減少などが要因です。

現在、単独世帯の割合は約35%となっていま

図表5-2　2018年→2019年の都道府県別世帯数増減率（日本人のみ）

都道府県	増減率	都道府県	増減率	都道府県	増減率
合計	0.68	群馬県	0.59	福島県	0.28
沖縄県	1.48	福井県	0.52	岩手県	0.26
東京都	1.17	兵庫県	0.49	大分県	0.21
埼玉県	1.17	富山県	0.48	鳥取県	0.20
千葉県	1.15	石川県	0.48	宮崎県	0.19
滋賀県	1.02	熊本県	0.47	島根県	0.18
愛知県	0.94	三重県	0.45	北海道	0.17
福岡県	0.91	岡山県	0.42	徳島県	0.15
神奈川県	0.90	奈良県	0.40	青森県	0.08
茨城県	0.72	京都府	0.40	愛媛県	0.04
宮城県	0.72	山梨県	0.40	和歌山県	-0.03
佐賀県	0.72	長野県	0.38	長崎県	-0.04
大阪府	0.69	新潟県	0.37	鹿児島県	-0.05
栃木県	0.66	広島県	0.36	秋田県	-0.08
静岡県	0.59	香川県	0.32	山口県	-0.09
岐阜県	0.59	山形県	0.30	高知県	-0.15

出所：総務省「住民基本台帳に基づく人口、人口動態及び世帯数（平成30年、31年、1月1日現在）」より作成

す。この単独世帯の多くは賃貸住宅に住んでいるようです。単独世帯のうち、賃貸住宅に住む方の割合は全国平均で62・1%、都市部の大半では70%を超えています（**図表5－3**）。

先に述べたように、2019年1月1日時点での世帯構成人員は約2人、そしてこの数字は年々減少しています。単独世帯数は2035年あたりがピークと予想されていますが、この頃になると世帯数そのものが減少し始めていますので、全世帯に占める単独世帯の割合は増え続けます。

1980年、全世帯に占める単独世帯の割合は19・8%でしたが、その後一貫して増え続けており、2015年（結果の出ている最新）の**国勢調査**に基づくと2015年は34・5%、つまり3世帯に1世帯以上は1人暮らしという状況で、

図表5-3　単独世帯の貸家に住む割合（全国）

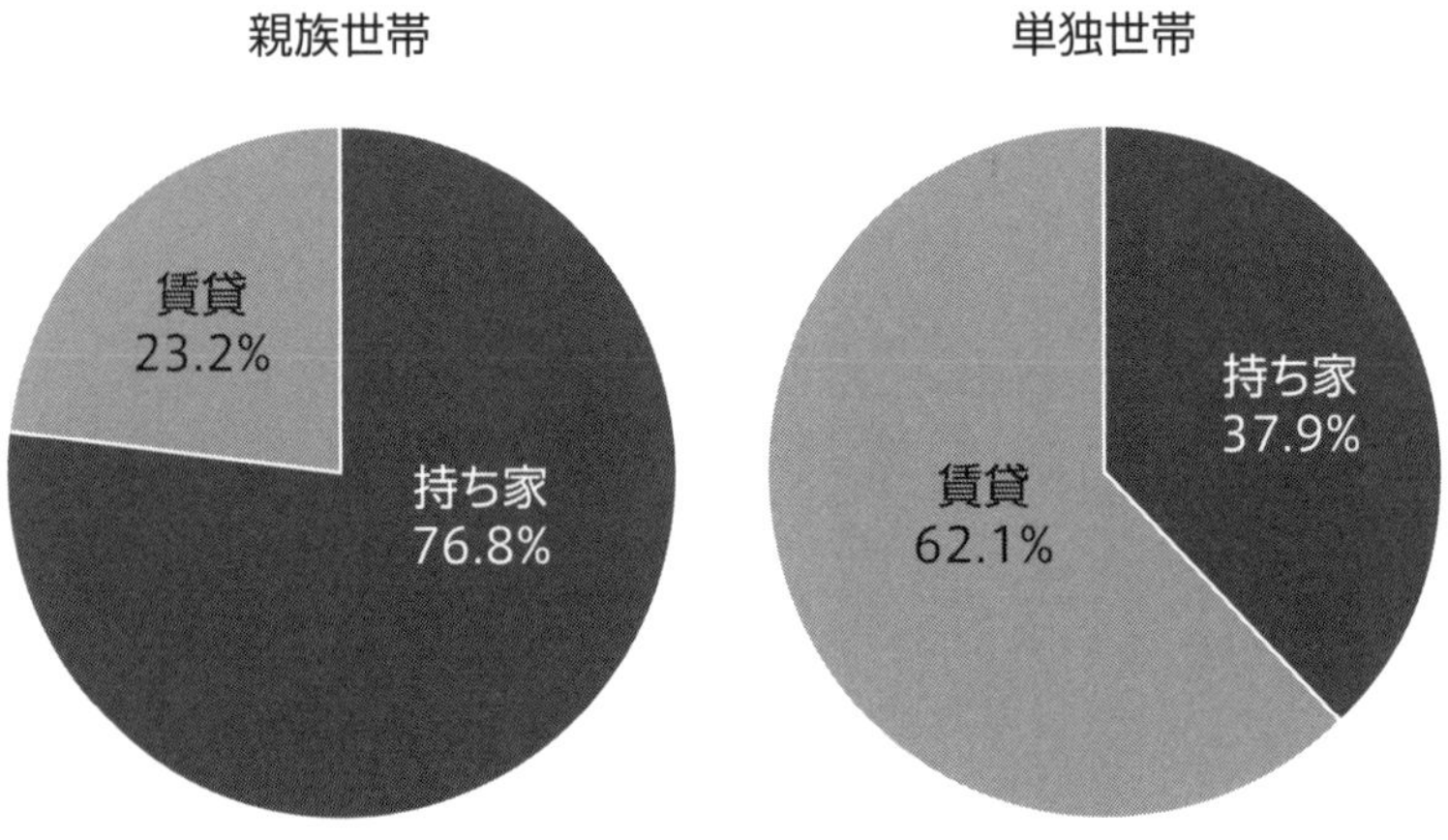

出所：総務省統計局「H30年住宅・土地統計調査」より作成

図表5-4　単独世帯数予測 (2015年＝100)

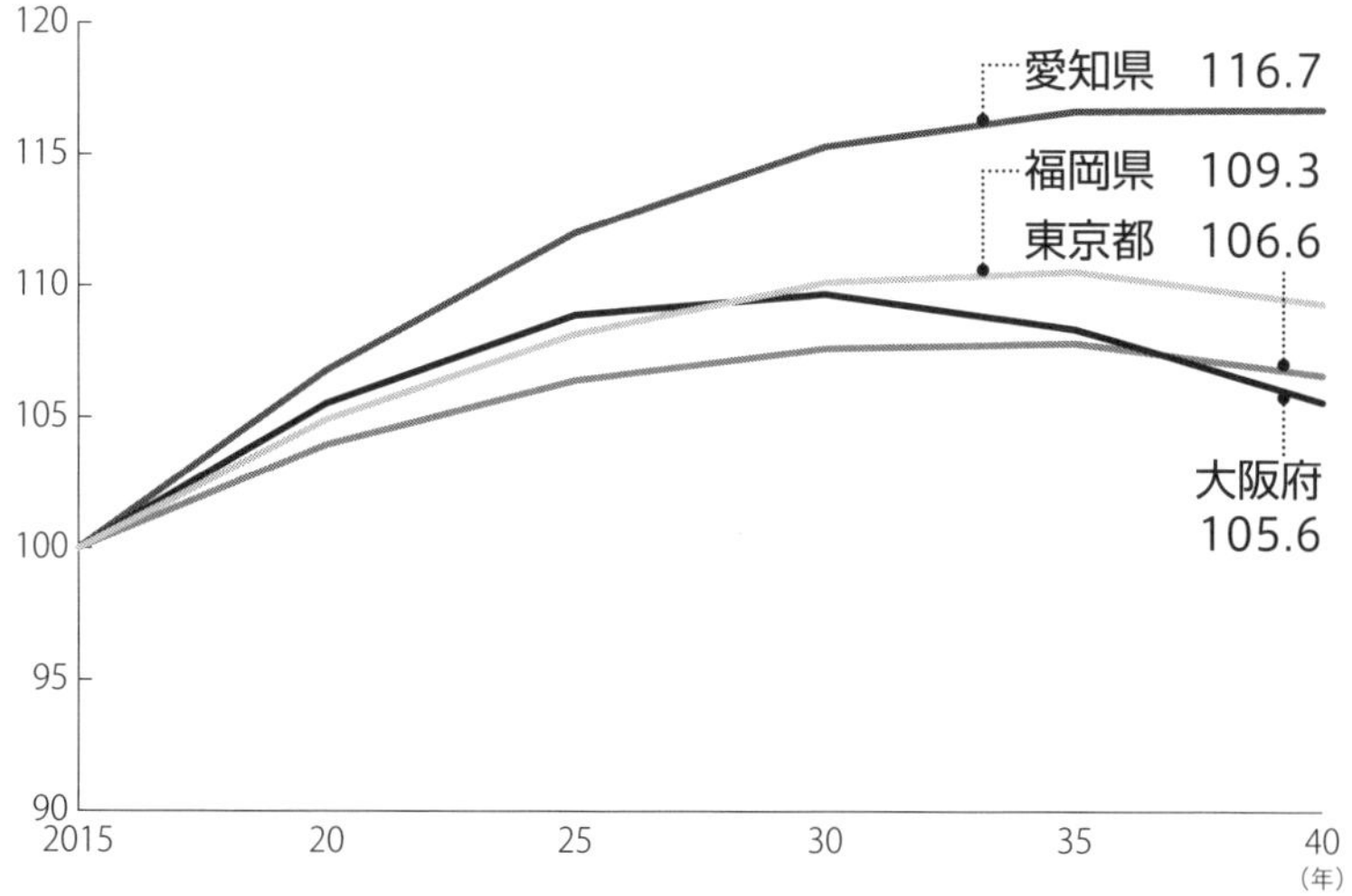

出所：国立社会保障・人口問題研究所『日本の世帯数の将来推計（都道府県別推計）（2019年推計）』より作成

図表5-5　単独世帯が占める割合

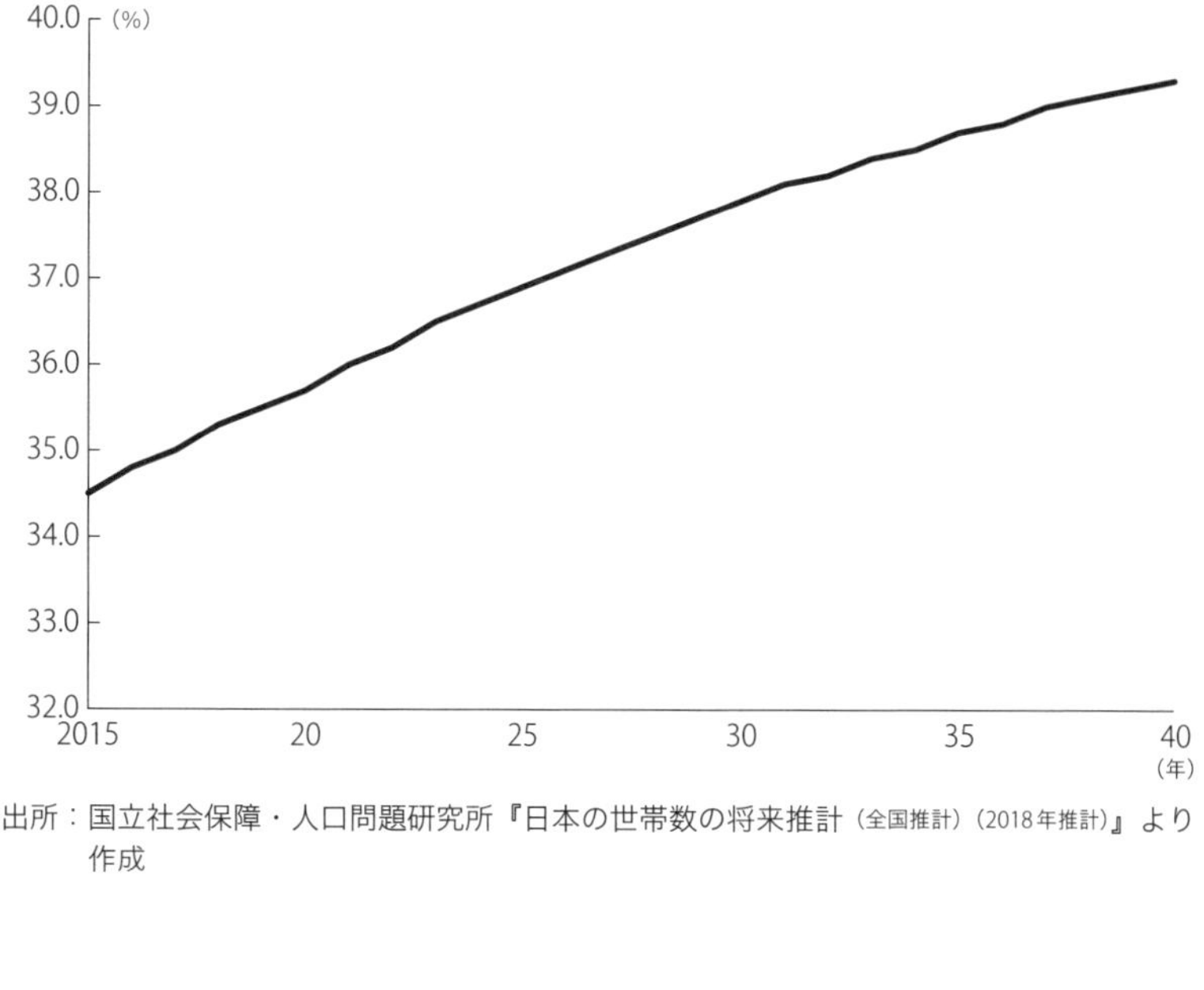

出所：国立社会保障・人口問題研究所『日本の世帯数の将来推計（全国推計）（2018年推計）』より作成

この割合は増え続け、２０４０年には約40％（39・３％。国立社会保障・人口問題研究所『日本の世帯数の将来推計（全国推計）』、２０１８年推計より）になるといわれています（前ページ図表５－４、図表５－５）。これは10軒の家のうち、４軒は単独世帯という計算になります。

以上、細かくデータを見て説明してきましたが、大切なことは、単独世帯のかなりの割合が賃貸住宅に住むという傾向が変わらなければ、人口減少下の日本において、住宅全体の需要は減少するかもしれないものの、賃貸住宅の需要は今後も増える可能性が高いと考えられることです。

住宅余りは本当か？

次に、「住宅余り」についてデータをもとに検証してみます。

前述の「**住宅・土地統計調査**」によると、２０１８年10月時点の日本の総住宅数は約６２４０万戸でした。前回（２０１３年）調査のときが約６０６３万戸でしたので、この5年間で１７７万戸増え、増加率は2・９％となっています。前々回（２００８年）調査から前回調査の比較では、総数は３０４万戸増え、増加率は5・３％でしたので、増加ペースが大幅にダウンしています。

５年ごとの住宅総数の変化について、１９５８年以降のデータを見ると、おおむね5年間で３００万戸台～４００万戸台程度増えています。２０００年以降も5年で約３５０万戸ずつ増えていました。

単純計算でみると、年平均で60万〜80万戸増えているということです。新設住宅（増）から建物の滅失（減）を引いた差が、これだけあるということになります。

しかし、2013年から2018年の5年間の増加は、177万戸でしたので、戦後最も住宅が増えなかった5年間ということになります。単純に5年で割ると、1年間で約35万戸の増加です。この間、新設住宅はおおむね90万〜100万戸弱でしたので、仮に年間90万戸の新設住宅が建てられたとすれば、35万戸を引いた55万戸分が滅失したということになります。これは、新規に建てられる住宅の約6割分です。

「住宅が余る」ということは、必要（需要）以上に建てられている（供給がある）ということになりますので、今度は需要について見てみましょう。

住宅の需要を検討する際には、人口も考慮しますが、もっと重要な指標は前項でも見た「世帯数」です。

総務省のデータによると、2018年時点の総世帯数は約5400万世帯で、2013年時点に比べて約155万世帯、増加率3・0%となっています。2008年から2013年の増加世帯数は248万世帯、増加率は5・0%でしたので、世帯の増加スピードは減速しています。また、5年ごとの総世帯数の変化について、1958年以降では増加率は最も小さくなりました。

ここで**総住宅数**と**総世帯数**の推移を比較してみると，1963年までは，総世帯数が総住宅数を上回っていました。つまり、前回東京五輪があった1964年頃の日本では、1世帯1住宅状態ではなかったということです。2世帯・3世帯で1つの家に住む例は農村地域だけでなく、都市部でも見られました。また、賃貸でも「間借り」スタイルはまだまだ一般的で、こうした意味では、住環境がまだまだ整っていない頃でした。

しかし、1968年に総住宅数（2559万戸）が総世帯数（2532万世帯）を27万戸ほど上回ります。そして、1973年には総住宅数（3106万戸）と総世帯数（2965万世帯）の差が141万戸となり，すべての都道府県で総住宅数が総世帯数を上回ります。終戦から約30年、日本の住環境が全国隅々まで整備されたといっていいのかもしれません。

その後、総住宅数と総世帯数の差は拡大を続けます。

前回調査2013年では総住宅数（6063万戸）が総世帯数（5245万世帯）を818万戸も上回っています。これを割り算すると1世帯当たり住宅数は1・16戸となっています。この数字は、住宅余りを連想させます。世帯が増える勢い以上に住宅が増えている、と見えます。

しかし今回（2018年）の調査では、1世帯当たりの住宅数は、1・16となりました。数字だけ見ると横ばいですが、この数字の5年ごとの成長スピードは、この指標が示された1958年以降初めてマイナス3・4％となりました。こうした数字を見ると、住宅余り、家余りにブレーキがかかり始めているといえるでしょう。

近年、日本では総住宅数の増加にブレーキがかかっています。新築住宅の建築が増えていないことに加えて、使わなくなった古い家が取り壊されるケースが増えていること、また空き家への対処が少しずつ進んでいること、などがその要因と考えられます。

少し前までは、「住宅が余っている」といわれることが多かったのですが、最近ではそうした状況は少しずつ緩和しているようです。

よく目にする「将来人口・世帯予測」は少しずつ変わる!?

住宅需要・賃貸住宅需要の予測には、「将来、人口や世帯がどうなっていくのか」は、とても重要になります。とくに、賃貸用住宅（マンション・賃貸住宅など）投資を行なう際の需要予測では将来世帯数が、またワンルーム賃貸物件では単独世帯数が重要になってきます。

日本の**将来人口・将来世帯数**の予測を発表しているシンクタンクはいくつかありますが、最も著名でメディア等で多く取り上げられているのは、**国立社会保障・人口問題研究所**の予測データです。この国立社会保障・人口問題研究所ですが、その起源は昭和14年にまで遡ります。旧厚生省の研究機関として発足し、その後１９９６年に社会保障問題研究所と統合され現在に至っています。

このシンクタンクが予測するデータは、住宅需要予測や年金に関する想定など、民間での投資の想定だけでなく、政府の政策にも活用されているようです。

しかし、この予測データを「定点観測」していると、発表ごとに変化することに気づきます。その予測の変化を、「人口・世帯に関するデータ」で検証してみます。

図表5－6は、**国立社会保障・人口問題研究所**が予測している日本の将来人口です。これを見ると、2007年に推計し発表したもの（2005年国勢調査がベース）、2013年に推計し発表したもの（2010年の国勢調査がベース）、2018年に推計し発表したもの（2015年国勢調査がベース）では、日本の将来の人口減少は少しずつ、ゆっくりになっています（だんだん、右上にずれています）。

次に、世帯数の将来予測を見てみましょう

図表5-6　全国の将来人口推計値の変化

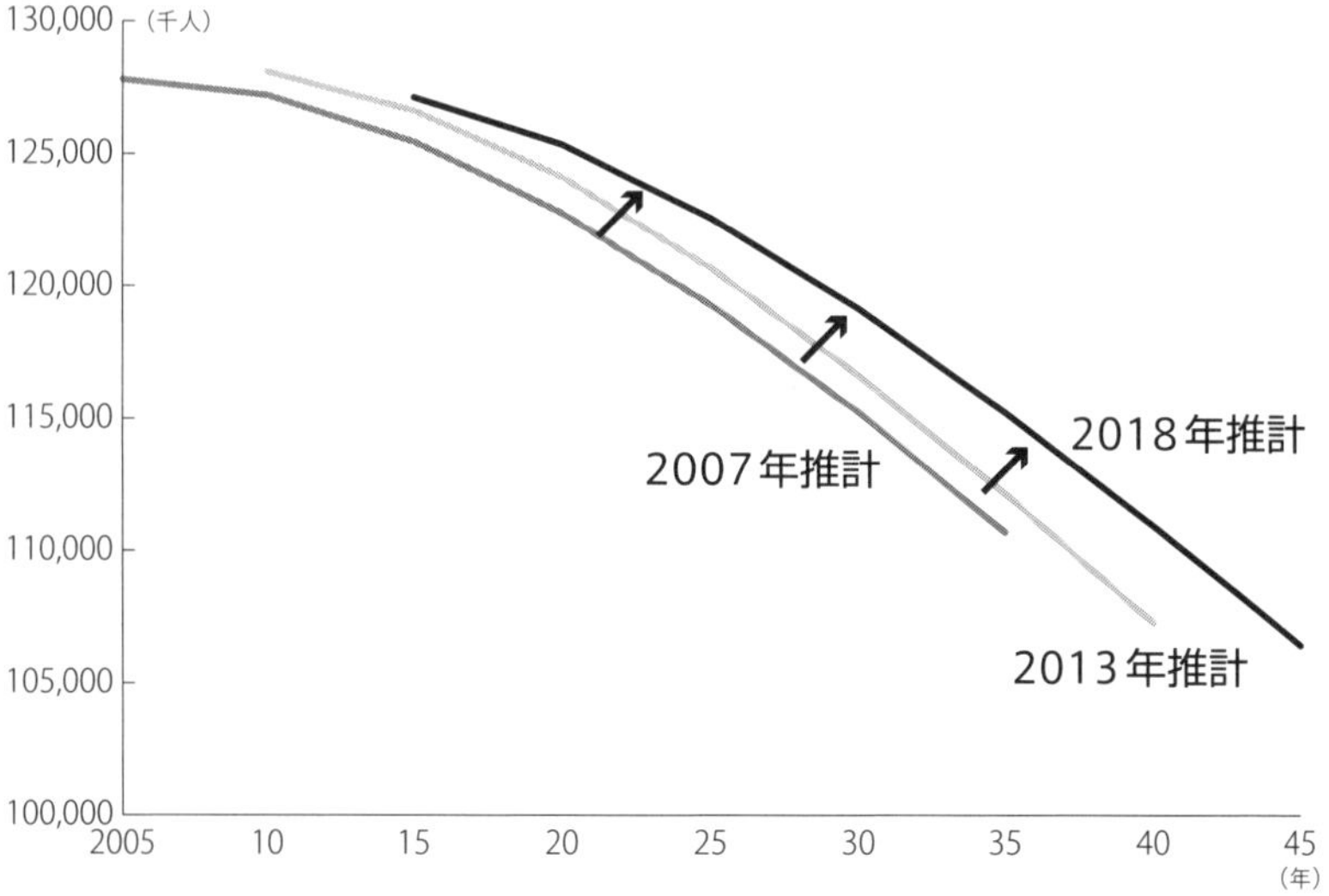

出所：国立社会保障・人口問題研究所資料より作成

（図表５－７）。こちらについても、減少するポイント（つまりピーク時）がだんだん右上にずれています。２００９年推計（２００５年の国勢調査がベース）では２０１５年頃が世帯数のピーク予想でしたが、２０１４年推計（２０１０年の国勢調査がベース）では、２０２０年頃がピーク予想となり、２０１９年推計（２０１５年の国勢調査がベース）では、２０２５年頃がピークになっています。現時点でも世帯数の増加はまだ続いています。その後減少しますが、２０３０年には２００９年時の推計と２０１５年時の予測では約５００万世帯の差が生じています。世帯の予測は、このように発表されるたびに増えている（減少スピードが遅くなる）傾向にあります。

さらに、大きな差があるのが、**単独世帯**の将来予測です。

図表5-7　全国の将来世帯数推計値の変化

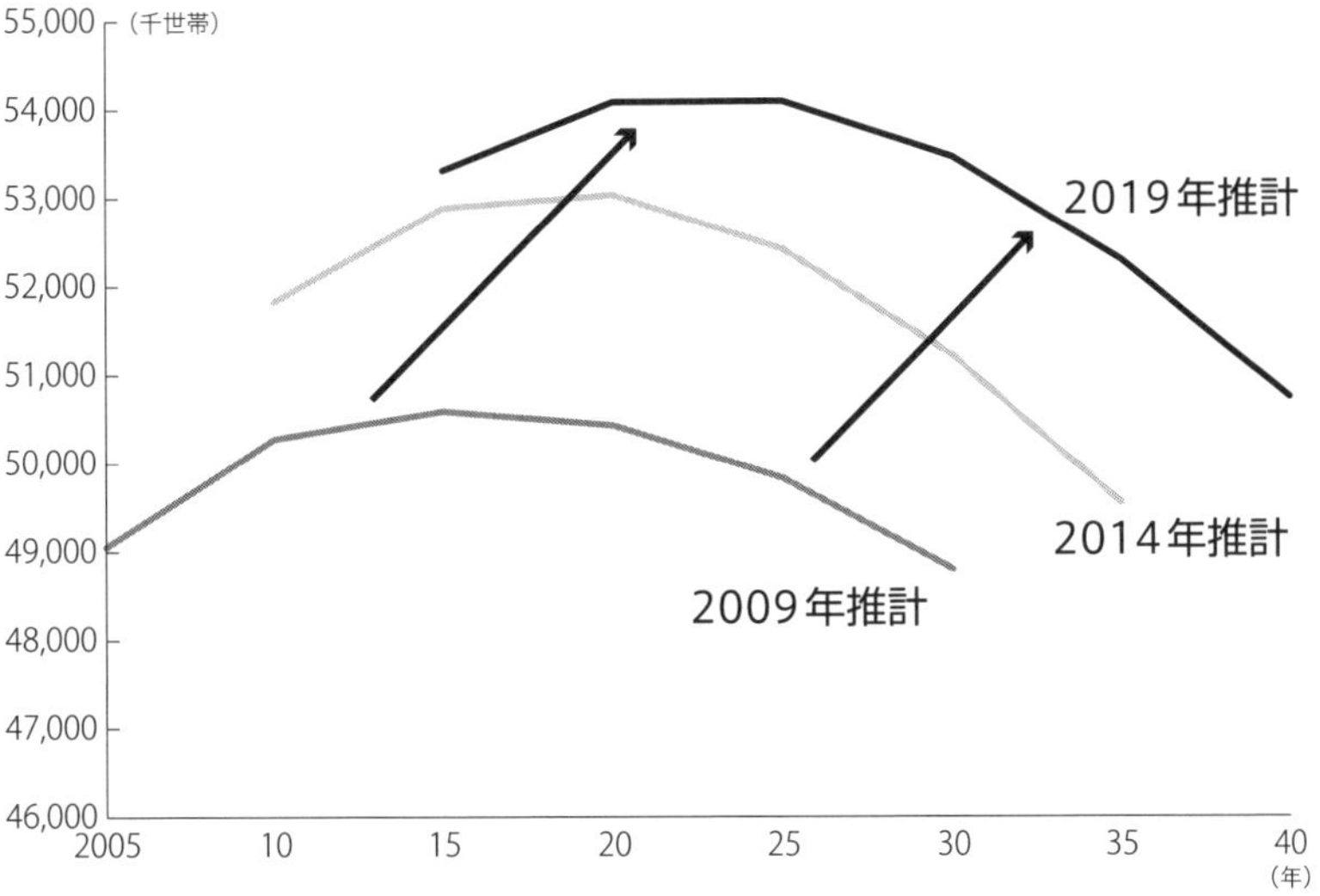

出所：国立社会保障・人口問題研究所資料より作成

図表5－8は単独世帯数の将来予測です。

日本国内において単独世帯数は、今後かなり増加する見込みです。2009年推計（2005年の国勢調査がベース）でも勢いよく増加することが示されていますが、実際はその予測を大きく上回るスピードで増加しました。これまでに示した3つのグラフは5年単位ですが、2019年の推計では2014年よりもさらに単独世帯は増えることが示されています。その予測では単独世帯数のピークは2043年頃となっており、いまから約25年後ということになります。

このように、日本における世帯数は、将来の減少スピードが緩やかになっているようです。その要因のひとつは、単独世帯数の増加が、ものすごい勢いで進んでいることにあると思われます。

図表5-8　全国の単独世帯数推計値の変化

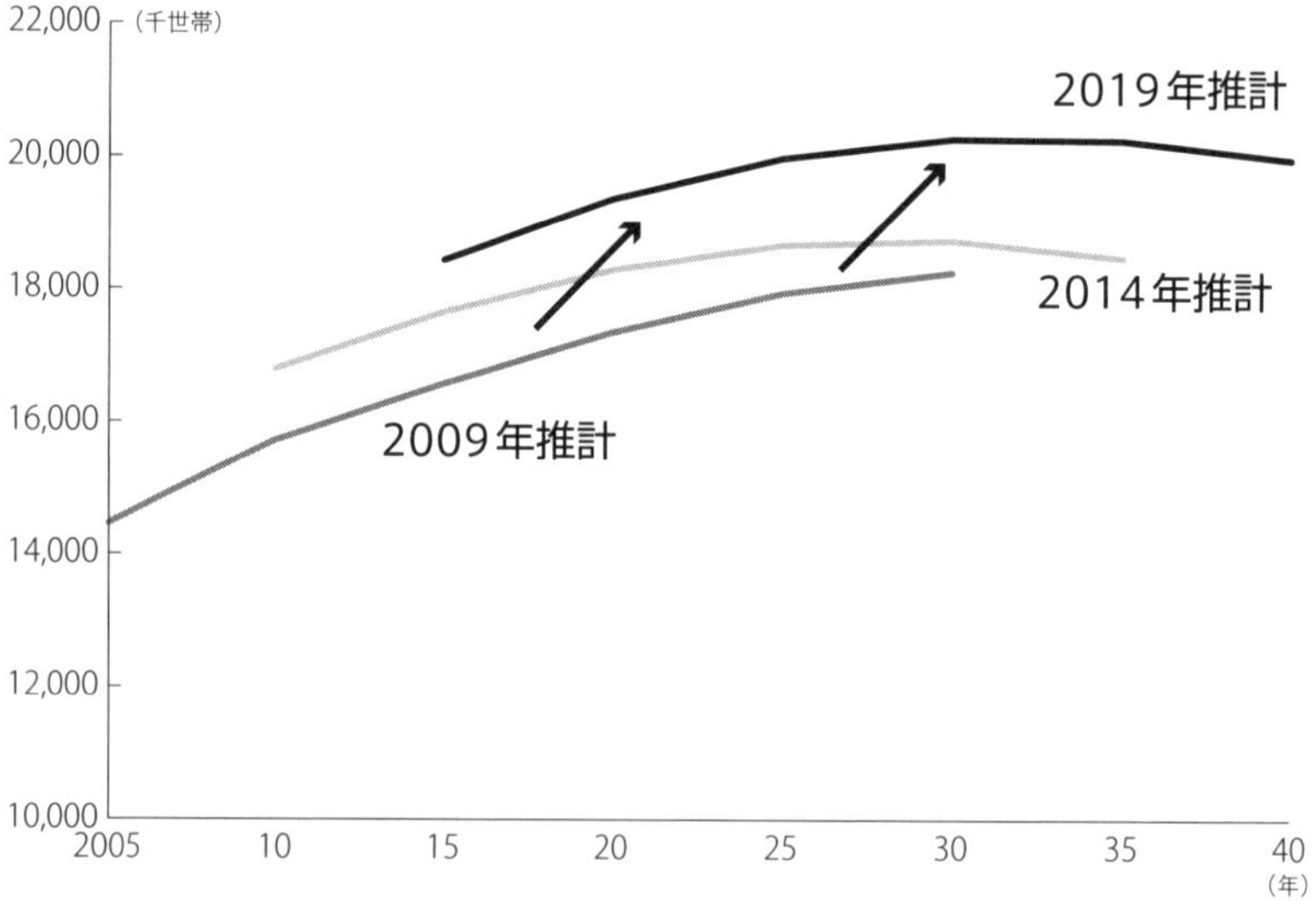

出所：国立社会保障・人口問題研究所資料より作成

単独世帯数が増える要因はいくつかあります。団塊世代が後期高齢者になり始めて、男女の平均寿命に差があり、死別すると単独世帯になること。**生涯未婚率**が上がっていること。離婚が増えていること。晩婚化が進んでいること、などです。

最初の要因については、団塊の世代の多くが寿命を迎えればなくなる要因ですが、その他の要因は、今後ますますその傾向が高まるものと思われます。これについて、次項でもう少し詳しく説明します。

SECTION 5-2

賃貸住宅需要を底上げするその他の要因

晩婚化・未婚者増が賃貸住宅需要を支える

１９９０年代以降、日本では晩婚化・未婚化が進んでおり、その傾向が続いています。一方で、離婚するカップルは増え、また再婚する方々も増えています。

結婚する方々の数は、１９４６〜１９５０年くらい生まれのいわゆる第１次ベビーブームの世代の方々が、25歳前後の年齢を迎えた１９７０年から１９７４年にかけて年間１００万組を超えていました。しかし、その後、婚姻件数は低下傾向となり、１９７８年以降２０１０年までは、おおむね年間70万組台で増減を繰り返しながら推移してきましたが、２０１１年以降は、年間60万組台で推移しています（以上の数字の出典は少子化社会対策白書）。

生涯未婚率という言葉を耳にしたことがあると思いますが、これは50歳までに一度も結婚したことがない人の割合をさします（配偶者と離婚や死別をした場合は含まれません）。ちなみに、この「**生涯未婚率**」という用語は、２０１９年から「**50歳時未婚率**」に名称変更されました。

５年に一度の国勢調査で見ると、１９８５年には男性３・９％、女性４・３％と、ともに５％を切っていますが、最新の２０１５年の国勢調査では、男性23・37％、女性14・06％となっています。５年ごとの推移で見ると、２０００年以降、勢いよく増えていることがわかります。

独身研究家の荒川和久氏の著書によると、１９８５年から２０１５年の30年間のあいだに、15歳以上の男女の未婚者は５００万人増えて約３０００万人に、15歳以上の男女の独身者（未婚者に加えて離婚・死別なども含む）は、同期間に１０００万人増えて約４５００万人になったとされています。

日本ではものすごい勢いで、「おひとりさま」が増えているわけです。ちまたに、「おひとりさま」向けの飲食店やカラオケ店が増えてきているのもわかります。

では、未婚者の方はどのくらいの割合で親と同居しているのでしょう？　これを年齢ごとに見ていきましょう。

次ページ**図表５－９**を見ると、20代になると同居割合が低下しますが、20代後半から30代前半までには横ばい傾向になり、その後は男女ともに60％をキープしています。30代前半で未婚者の親との同居率が60％以上というのは一般的なイメージと少しギャップがあるかもしれません。東京など大都市ではこの割合はかなり低いと思いますが、全国で見ると、6割くらいなのでしょう。

次に、その大都市の代表である東京における未婚者の親との同居割合を見てみましょう。

全国では同居割合は近年横ばいの様相でしたが、東京都における未婚者の親との同居割合は、男女ともに年齢とともに減少しています。

具体的には、男性は25歳以降、女性は28歳以降に同居割合が50%を下回ります。進学・就職などで、地方からの上京者が多いこともあり、単身暮らし志向が強く表れているのだと考えられます。逆に地方在住の未婚者は親と同居する割合が高いため、全国の親との同居割合を引き上げているのでしょう。

都市部で賃貸住宅、とくにワンルーム賃貸住宅需要の旺盛が続いているのは、こうしたこと

図表5-9 全国の未婚者の親との同居割合

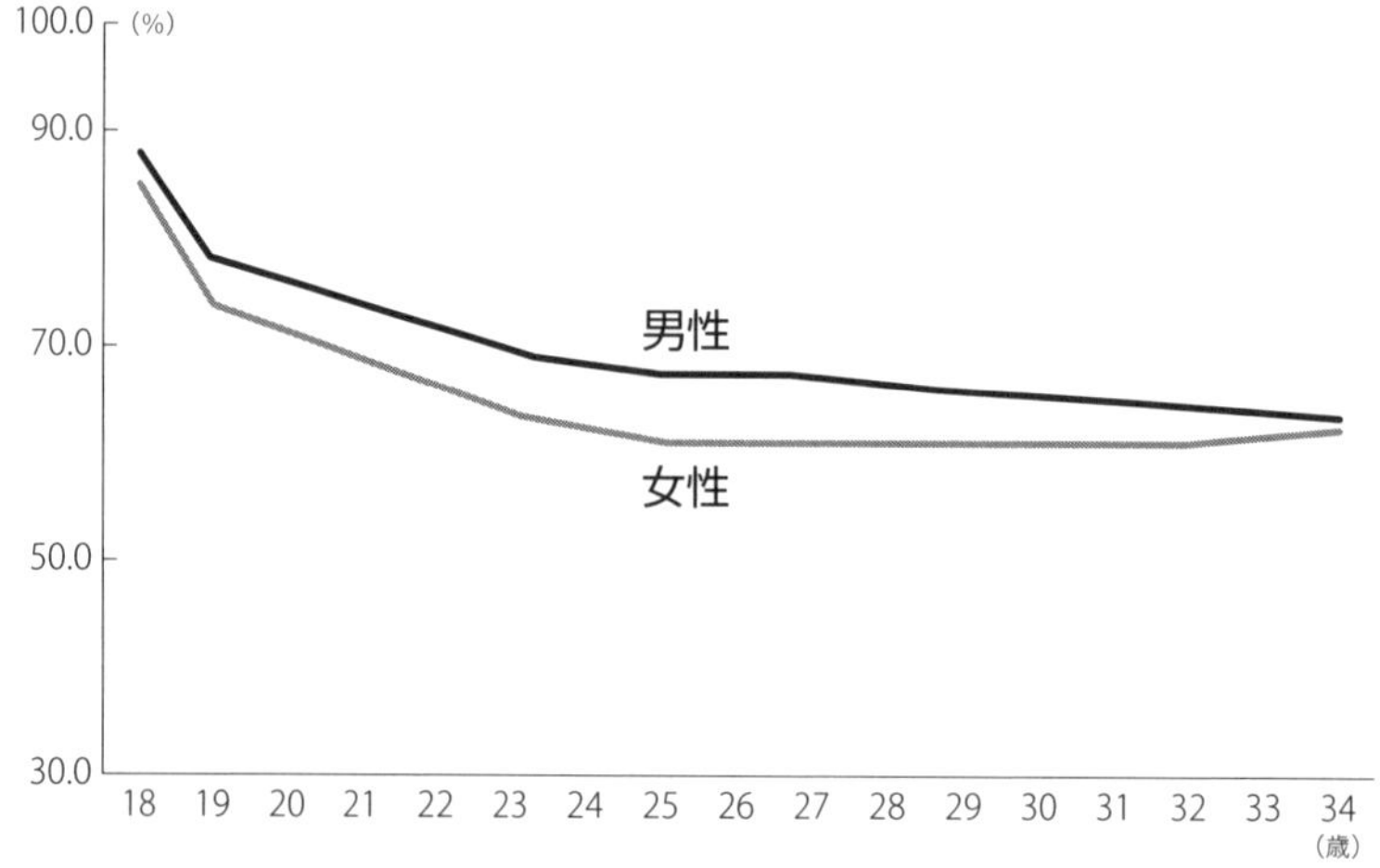

出所:総務省統計局「国勢調査」より作成

が背景にあります。

では、この先、未婚率は上昇するのでしょうか？　国立社会保障・人口問題研究所によれば、この先しばらく未婚者は増加するが、2035年頃をピークに横ばいになるとされています。この傾向は単独世帯数の推移予測に似ています。ただ、離婚者・死別の数は増えると予想されており、単独世帯が増える見込みは、さらに加速するかもしれません。

現在、単独世帯の大半（都市部では7割程度、地方都市でも6割程度）は賃貸住宅で暮らしています。こうしたデータからすると、今後は、地方都市において、賃貸住宅に住む単独世帯の割合は増えると思われ、単独世帯用の賃貸住宅需要は伸びると思われます。

都道府県を超えての移動者が賃貸住宅需要を支える

日本国内では、どのくらいの方が都道府県をまたいで移動（引っ越し）をするのでしょうか。

2019年1月末に発表された**住民基本台帳**に基づく、2018年1年間の人口移動報告で、国内における都道府県間移動者数は約253万人でした。また、同一都道府県内の移動を行なった方は、約282万となっています。

この報告によると、「転入者－転出者」で、プラスになる「転入超過」は8都府県しかありません。

その8都府県とは、東京、神奈川、埼玉、千葉、愛知、福岡、大阪、滋賀となっています。滋賀県を除くすべてが、政令指定都市を抱え、大都市として成長している都市です（ちなみに滋賀県は、以前から大阪・京都のベッドタウンとして人口増が続いています）。これら以外の39道府県は転出超過になっています。

転入者がいちばん多いのは東京都で約8万人。東京都、神奈川県、埼玉県、千葉県の1都3県（東京圏）では、なんと約14万人も転入超過になっています。

では、どの年代の方々が、都道府県間で移動しているのでしょうか。

最も多く移動するのは、20代前半の男性で、次いで10代後半の男性となっています。これは、いうまでもなく就職、進学を機に移動する方が多いということになります。

1都3県では、10代後半から30歳未満で転入超過が12・7万人となっていますので、前述の1都3県の転入超過約14万人のうち、9割がこの世代ということになります。

いま挙げた数字は、「転入超過」を示したものですが、もちろん、どの都道府県でも「転入者」はいます。この転入の大半は、大都市圏も地方都市においても、「進学・就職」の機に起こるものです。

転入者・転出者数などの詳細は、月単位度総務省から報告されています。

都道府県間移動者のほとんどは、「進学・就職」が理由となっていることから考えると、進学で住まいを移す際、その多くの方が最初に住むのは賃貸住宅になります。もちろん、親戚の家や家族が所有する別宅に住むという方もいるかもしれませんが、それはレアケースで、ほとんどは学校近くの民間の賃貸住宅に住みます。就職の場合、10代後半～20代の収入などを考えても、賃貸住宅か社宅に住む例が大半です。このように、転入者は賃貸住宅需要の大きな柱になります。

ひとり親世帯が賃貸住宅需要を支える

ひとり親世帯（ひとり親と子供の世帯）は、厚生労働省の資料「ひとり親家庭等の現状」（平成27年4月）を見ると、平成24年時点で約91万世帯となっています（内訳は母子9に対して父子1の割合です）。他に同居者＝たとえばおじいちゃん、おばあちゃんがいる世帯も含めると、平成23年度末で１４５万世帯となっています。この世帯数は、昭和63年（１９８８年）は約１０２万世帯でしたので、この間の25年で１・４倍になっています。同居者がいない世帯は、１９８８年は65万世帯で、こちらも１・４倍となっています。このデータからしばらくたった現在では、この数字からさらに増えていると予測されます。

ひとり親世帯が増えた理由としては、「離婚が原因」が圧倒的で、「未婚での出産」も少しずつ増えています。その他の理由に死別がありますが、こちらは減少しています。

ひとり親世帯の居住形態を見ると、全体の10％である父子の場合は賃貸住宅暮らしが約20％ですが、9割を占める母子世帯では、その半数以上が賃貸住宅に住んでいます。残り半数のうち、地方都市や郊外に住む世帯では、実家での同居世帯の方もいると思われますが、都市部では賃貸住宅が多いと思われます。

そして、今後もひとり親世帯は増えると予想されています。

図表5－10は２０１５年を１００とした大都市圏の**ひとり親世帯**数の予測です。

これを見ると、２０３５年の東京都ではいまより27％の増加です。先に述べた１９８８→２０１３年の25年の増加（40％増）ほどではありませんが、これからも大きく増える予測となっています。愛知県、大阪府、福岡県とも軒並み10％以上の増加となっています。大阪府だけが、２０３０年以降減少しますが、それは大阪府が４大都市のなかでも最も早く人口・世帯などの減少が始まるためです。それ以外の都市では、

図表5-10　3大都市ひとり親世帯の変化予測（2015年＝100）

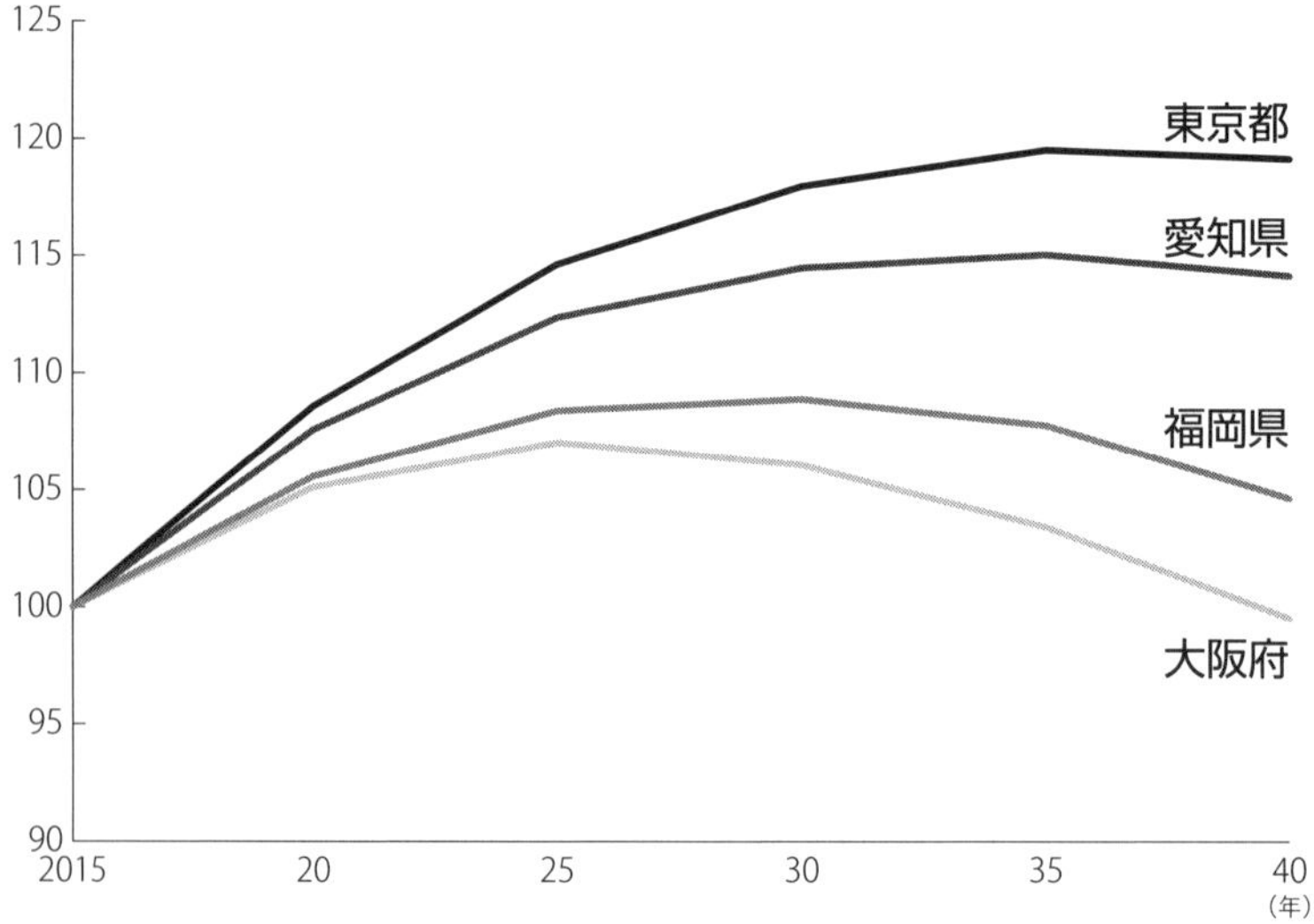

出所：国立社会保障・人口問題研究所資料より作成

右肩上がり一直線の様相です。

　こうした状況をネガティブにとるのか、女性の社会進出が進むというポジティブにとるのかは、人それぞれでしょうから、ここでは問題にしません。ただ、欧米各国のように、日本も離婚世帯が一般化し、バリバリ働くシングルマザーの活躍が目覚ましいという状況になることは間違いなさそうです（もうすでになっているといってもいいかもしれません）。

　そうなると、母子世帯の半数以上が賃貸住宅に暮らしている現状を踏まえると、この母数（ひとり親世帯）が増えるわけですから、それに応じて賃貸住宅需要は増えることになります。

　図表5－11は、世帯数・ひとり親世帯数・単独世帯数の将来予測を重ねたものです（全国総計）。これを見ると、世帯数が増えるのは20

図表5-11　全国の世帯数・単独世帯数・ひとり親世帯の変化予測（2015年＝100）

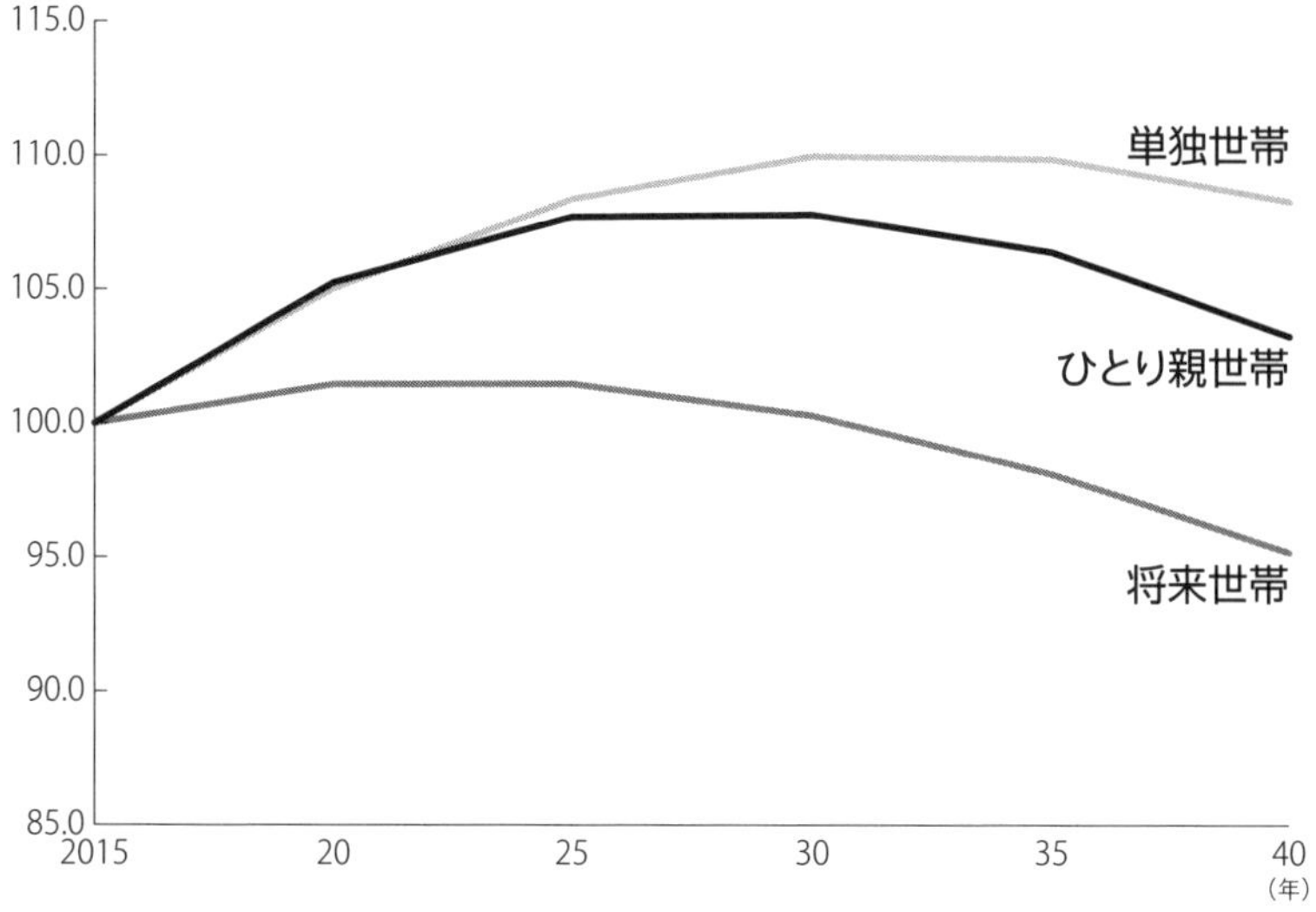

出所：国立社会保障・人口問題研究所資料より作成

25年頃までですが、ひとり親世帯は2030年代前半、単独世帯は2040年頃まで増え続けます。

こうした家族のあり方の変化が住まいのあり方の変化をもたらしているのでしょう。いずれにせよ、予測データから見ると、都市部での賃貸住宅需要はいっそう増えてくるものと思われます。

第6章

論理的に考える賢い自宅不動産の選び方・買い方

Strategies and Tactics for Real Estate Investment

最大の不動産投資ともいえる自宅購入で失敗しないために

第3章で「自宅」は一般の方にとって最大の不動産投資だと述べました。

不動産投資といえば、自らその物件の全部を利用することなく、「賃料収入」と同時に「値上がり益」を狙うものです。しかし、自ら使う不動産、一般の方々にとってそれは自宅だと思いますが、これも立派な不動産投資です。ただ、人に貸したり、後で売却したりすることを前提とせずに、基本的には長期間自分で使うという点において、通常の不動産投資とは異なる視点があることも事実です。

では、「個人の方にとって最大の投資」であろう自宅を、どのような基準で、どのような物件を、どのように購入したらよいのか。キーワードは、「資産価値の下がらない物件を選ぶ」ということです。こうした点を中心に本章でお伝えしていきます。

SECTION
6-1
賢い自宅不動産の選び方

マンションか戸建か？

「戸建て」と「マンション」では、どちらが住みやすいかは人それぞれです。「小さい頃から戸建に住んでいた」という方は、結婚して家族を持つと戸建て住宅を購入する方が多いようです。しかし、最近では都市部を中心に、「マンションに永住する」という方も多くいらっしゃいます。

一般的に、「購入した自宅を、いつか売却する」という観点では、マンションが有利だといえそうです。マンションはそもそも、その多くは立地が良く汎用性の高い間取りとなっています。一方、戸建て住宅は、駅近の住宅は少なく、間取りもオーナーの趣向性が強いものが多いからです。

以前、知人から物件売却の相談を受けたことがあります。その人の友人が都内の100坪くらいの土地に約3億円をかけて洋館を建てました。その建物も含めて3億円で売りに出したところ、なかなか買い手が付かなかったのです。写真を見ると、その洋館はまるで江戸川乱歩の作品にでも出てくるような、レンガづくりの建物だったのですが、こういう趣味性の高い物件の買い手はなかなか見つかりません。元の持ち主の趣味を前面に打ち出した建物は、決して万人向けではないからです。この相談の返答は、「更地にして売りましょう」でした。

実は私も以前、大田区に戸建てを買おうと考えたことがあります。高級住宅街で、立地は問題ありません。ただ、前に住んでいた人のこだわりが満載の家でした。照明はすべてシャンデリアで（これも込みで販売要望）、室内の床・巾木・扉などが白で統一されていました。ものすごいお金をかけてつくられた家であることは一目瞭然です。それが約1億円というのですから、高額であることは間違いないですが、立地も合わせて考えれば、ある意味お買い得感がありました。ところが、「こんな個性的な家はちょっと……」という周りの反対にあってあきらめました。戸建てを売りに出した場合は、このようなリスクがあることに注意が必要です。

同じ戸建てでも、**注文住宅**ではなく**建売住宅**となると、多少は一般向けになります。とはいえ、それでも好き嫌いが出ます。

たとえば郊外で開発された団地（ニュータウン）などの戸建では、北玄関と南玄関とでは、家の間取りが大きく違ってきます。南玄関の家だと、玄関から入って左右どちらかにリビング、逆サイドに和室

（もしくは客間としての洋室）という間取りが多いようですが、北玄関の家だと、たとえば玄関を入ってすぐに、2階に上がるための階段があって、突き当りの奥にリビングをとることが多いようです（敷地形状により異なります）。こうした間取り・配置の好き嫌いに需要が大きく左右されるため、一般的に戸建ては中古市場に出てきたときにマンション以上に価値が大きく下がる可能性もあります。

ただ、駅から徒歩圏内の場所に建つ戸建て住宅やある程度の広さのある戸建て住宅などは、デベロッパーが更地にして別の用途として販売することも多く、「戸建て住宅」としてではなく、土地としての需要があるので、「大きく値下がりする」ということはないと思います。

これに対して、マンションは基本的に多くの方々に合わせやすいようにつくられていますから、立地や値段などが折り合えば、次の買い手が見つかりやすくなります。値段についても、先ほどの豪邸の事例のように市場価格に比べて大幅にディスカウントしなければ買い手が現れないということはあまりありません。それなりに妥当な市況に合った値段で買い手が現れます。

値下がりしにくいマンションとは？

中古マンションで、年数が経っても値くずれしにくい物件もあります。その特徴は3つあります。これを順に説明します。

以前、ある週刊誌で、「10年後も値下がりしにくい全国のマンション」という特集があり、AIが算出した「値下がりしにくいマンションリスト」を見てコメントを求められたことがありました。このAIが算出した結果には、私としては「?」と思うような物件もありましたし、「どうしてあのマンションは入っていないのかな」と思う物件もありました（その理由の推測は後述します）。しかし、おおむね納得できるような物件が多かった記憶があります。

それを見ると、駅直結、駅隣接のタワーマンション（たいていは郊外、地方都市の駅前再開発案件）、あるいはその地域では数少ない豪華なマンションが多くランクインしていました。

駅隣接ではない物件の具体的な例を挙げると、沖縄の那覇市にあるリュークスタワーがそれです。30階建てのツインタワーマンションになっていますが、この場所は元米軍住宅が建っていたところを再開発したもので、沖縄の新都心といわれている人気のエリアです。ここまでをまとめると、買いたいマンションの1つ目は、その周辺（その地域）のシンボリックなマンション、いわば「**メモリアル・マンション**」と呼びたいようなマンションです。

さて、先の週刊誌のリストはここ15年内に建てられたマンションが多かったのですが、本当はランクインしてもいいんじゃないか、という物件が入っていなかったもの事実です。こうした「AIが算出」とうたっているものは、基本的に過去の取引事例などを元に算出していると思いますので、極めて希少価値が高く、公募されずに売却が決まるような物件はあまり見られません。

このように、都心の一等地の住宅街（たいてい、住所名が著名な場所）のなかにある、1棟当たりの戸数の少ない戸建感覚で住める低層マンションは、値下がる可能性の少ないマンションです。ただ、ほとんど売りに出ない（そもそも絶対数が少ない）うえに、売り物件が出たとしても、待っている人が多く、即買い手がつくことが多いようです。ということで、買いたいマンション2つ目は、「都心一等地の名門住宅街の希少価値の高い低層マンション」です。

そして買いたいマンションの3つ目は、多少年数が経っていても、立地がよく、以前から評判の高い、そのマンション名自体が著名となっているマンション、いわば「**ヴィンテージ・マンション**」といわれるものです。ヴィンテージ・マンションとは、築年数が経過しても価値がほとんど落ちないどころか、むしろ価値が上がっていくようなマンションのことです。都心の超一等地に建てられているような物件が中心で、東京都心であれば、広尾ガーデンヒルズ、六本木ヒルズのレジデンス、有栖川ヒルズ、フォレストテラス松濤、元麻布ヒルズフォレストタワー、ザ・パークハウスグラン千鳥ヶ淵などがまさにその典型例といってもいいでしょう。

「よくぞこの場所にマンションを建てた」とでもいうような好立地です。好立地というのは他に代替しようがない希少価値なので、いまが買い時というよりも、常に買い時といってもいいのです。

ヴィンテージという名のとおり、いま挙げたヴィンテージ・マンションは築15年以上が経過したような物件ばかりです。しかし築30年、40年を超えても、まったく値段が下がらず、むしろかなり値上がりしている**ヴィンテージ・マンション**は東京都心にはほかにも見られます。したがって、新たに超一等地の再開発地区に建てられるマンションがたまにありますが、この種のマンションは、将来、ヴィンテージ・マンションになる可能性を秘めていますから、「買いたいマンション」といっていいと思います。逆に**海上マンション**や**湾岸マンション**（埋立地や海岸沿いに立つマンション）は、希少性の観点からヴィンテージ・マンションになる可能性は低いと思います。

以上をまとめると、「メモリアル・マンション」「都心一等地の名門住宅街の希少価値の高い低層マンション」「ヴィンテージ・マンション」のうちどれかの要素を持つマンションは、不動産市況が上昇サイクルのときには、大きく値上がりし、逆に下落サイクル期にも、あまり大きな落ち込みはありません。そのため、「選びたいマンション」となります。

値下がりの可能性の高いマンションとは？

前項とは逆に値下がり可能性が高いマンションとはどんなものでしょうか？

第1章で述べたように、中古マンションは相対取引（1対1）で行なわれます。所有するマンションを売りたい人は、最も高く購入してくれる人を1人見つければいいわけです。一方、マンションを探している人は、ある程度エリアや目安金額、だいたいの広さ・間取りを決めて物件探しをします。この場合、「どうしてもこのマンション」というのがなければ、想定エリア内の複数の物件から選ぶことになります。前項で述べたようなマンションのうち2つ目の「数の少ない希少価値の高いマンション」などでは「どうしても、このマンションを買いたい」と思っているときに、1物件が売り出されると、1対1となり、売り手買い手の双方の立場が保たれた交渉になります。しかし、同じマンション、同一エリアに似たような条件の部屋が複数あると、どうしても買い手が有利になります。もちろん、前項の1つ目の条件のようなシンボリックなマンションの場合、買いたいという人も複数いますから、そうともいえません。

要は、需給のバランスで、同じマンション・同一エリアで中古マンションの供給が少ないほうがよく、需要が多ければ、売り手有利となり、つまり「値下がりしにくい」マンションになるわけです。

こうして考えると、「値下がりしやすいマンション」の条件はいろいろとありますが、需給バランスという「経済の絶対条件」から考えると次の2つのことがいえます。

まずは、「1棟当たりの戸数が多い」こと。1棟当たりのマンションの平均はおおむね50戸くらいですが、近年とくに大都市ではタワーマンションが増えたことや、また住宅街の低層マンションが減った影響から、1棟当たりの戸数は増加傾向にあります。

郊外でバス便立地の、**価格訴求型大規模マンション**は、2000年頃を境に大きく減りました。こうした物件は新幹線で東京から大宮を超えて群馬方面、栃木方面に向かうと車窓から、巨大なマンションが見えたりします。また、山を切り開いて造成されたニュータウン（団地）のなかにも、巨大なマンションを見かけることがあります。こうした立地条件がイマイチな物件は、近年の中古マンション価格上昇時にもかかわらず、すでに購入時よりも低い値段で売られています。

これは、立地が悪い＝交通の便が悪いため他のマンションに比べて優位性がないという理由だけではありません。1棟当たりの戸数が多いマンション、あるいは同一敷地内に複数棟建っているマンション、つまり同じマンションで戸数が何百とあるマンションでは、同じ時期に何戸も売りに出されることが多く、また間取り的に似ているものも多いので、多くの買い手がいれば別ですが、需給のバランスが崩れやすくなります。そして、中古マンション売却において供給過多になると、同じマンション内での値下げ合戦が起こる状況になってしまい、結果的に想定よりも低い価格で売ることになってしまいます。

一定以上の規模のマンションの場合、ライフスタイルの変化から、同じような時期（築10～15年を過ぎたあたりくらいから）に売却が重なることが多く、こうした現象が起こる可能性が高いわけです。

いま述べたのは、同一マンションの数のことですが、これは、同一地域でも同様です。つまり値下がりしやすい2つ目の要因は、同一エリアに同じ時期に建てられたマンションが多いことです。マンション自体はそれほど大きくなくても、同一地域に同じ時期に建てられたマンションが多い場合は要注意です。売却時に需給バランスが崩れやすく、値崩れしやすいマンションといえます。

つまり「値下がりしにくいマンションか値下がりしやすいマンションか」は、市況の波を受けつつも、それ以上に「需給のバランス」が決め手となります。

タワーマンションは実は値下がりやすいマンションの典型

こうして考えると、現在は人気のある**タワーマンション**ですが、本質的には「値下がりしやすいマンション」の要素を持っています。タワーマンション（一般的には20階建て以上）で、戸数の少ないマンションというものは物理的に存在しません。極まれに鉛筆のような、1階当たり3～4室くらいのタワーマンションを見ますが、基本的には1階当たり10室程度で、30階建てだと300室、15室で40階建てだと、600室、なかには1000室を超えるタワーマンションも存在します。

また、とくに東京湾の海上に浮かぶマンションやベイサイドのマンション、あるいは武蔵小杉エリアなどは、タワーマンションそのものも大規模（多くの戸数）で、そのうえ、同一エリアに、同じ時期に何棟も建てられています。先ほど示した「値下がりしそうな2つの要因」をどちらも持っています。

したがって、この先、築年数が15年を超えてくると売り物件が増えてくると予想されます。

先日、新聞の折り込みチラシ（仲介会社が作成した大型チラシ）に、1面すべて同じタワーマンションが掲載されていました。「このマンションでは、いまこんなにも売り物件が出ているんだ」と驚きました。

タワーマンションは2005年前後から、一気に増えてきました。図表6－1、図表6－2、194ページ図表6－3、図表6－4は、2009年以降の全国、東京23区、東京都下（23区以外）、近畿圏のタワーマンションの建築戸数と、今後の建築計画のグラフです。現在大都市部で新規発売されるマンションのうち5棟に1棟は20階を超えるタワーマンションだといわれています。

タワーマンションが増えて15年くらい経ちました。ライフスタイルの変化があり、「売却しようか」と思っている方でも、現在は中古マンション市況が好調ですので、もう少し待って売ろうと考えているかもしれません。しかし、徐々に市況が落ち着きを見せ始めてきています。もうしばらくすれば、こうしたエリアのタワーマンションの売り物件は増えてくるものと予想しています。売り物件が増えて、それに需要が追い付かなければ、「値下がり」する可能性が高くなります。こうしたキザシが見え始めると、要注意です。

図表6-1　全国超高層マンション（20階建以上）の完成計画棟数・戸数

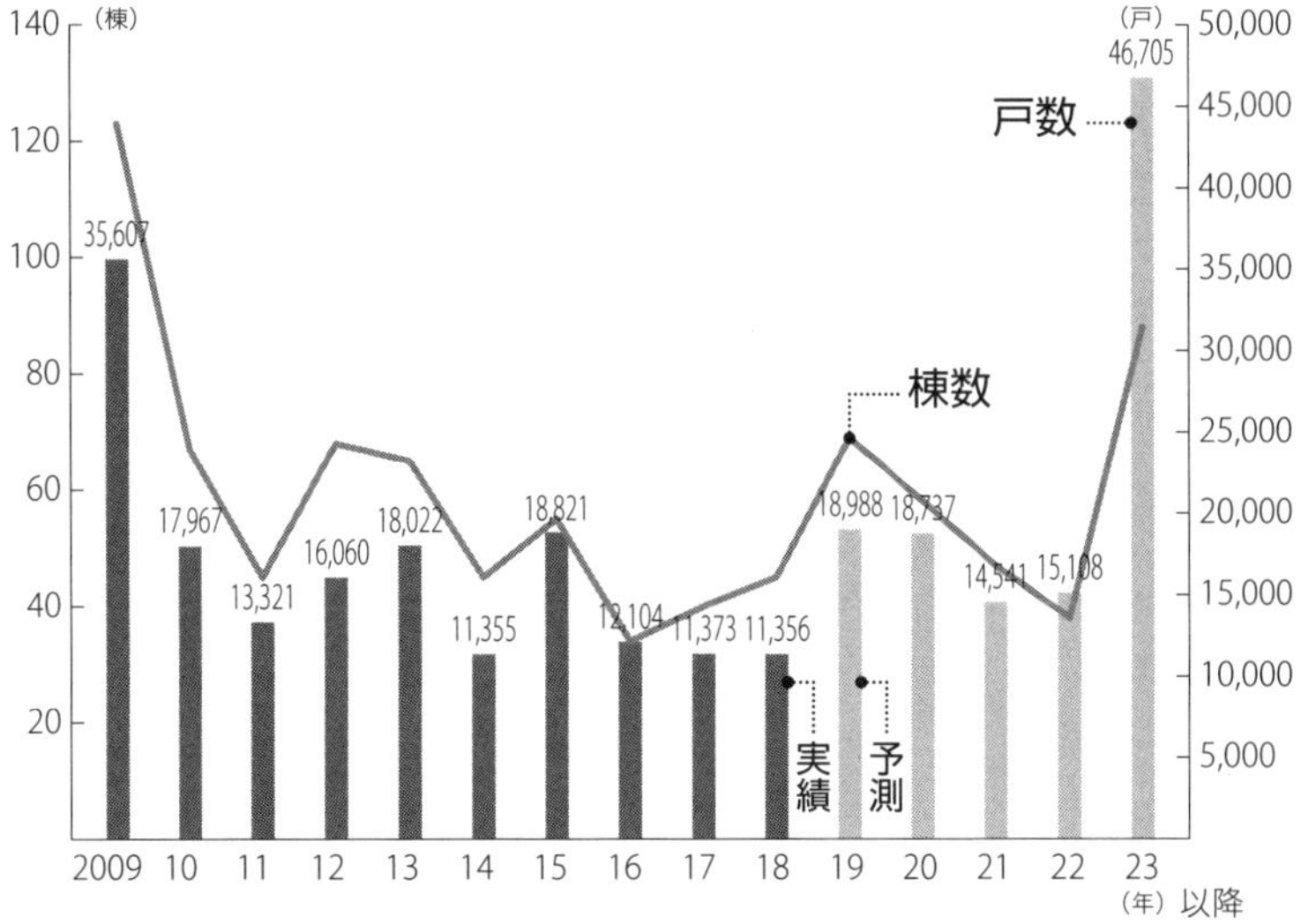

出所：株式会社不動産経済研究所「超高層マンション市場動向2019」より作成

図表6-2　東京23区超高層マンション（20階建以上）の完成計画棟数・戸数

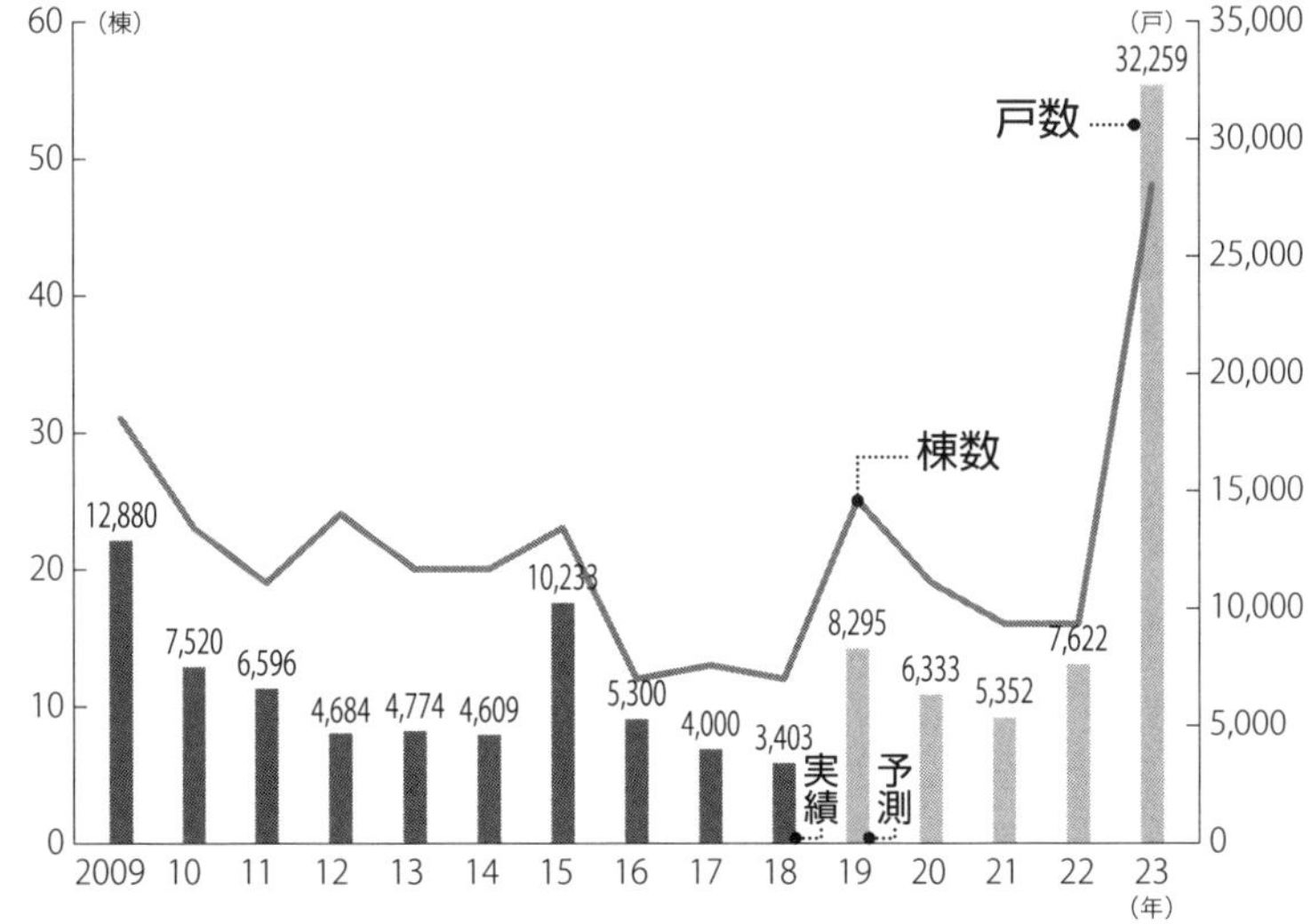

出所：株式会社不動産経済研究所「超高層マンション市場動向2019」より作成

図表6-3　東京23区以外の首都圏超高層マンション（20階建以上）の完成計画棟数・戸数

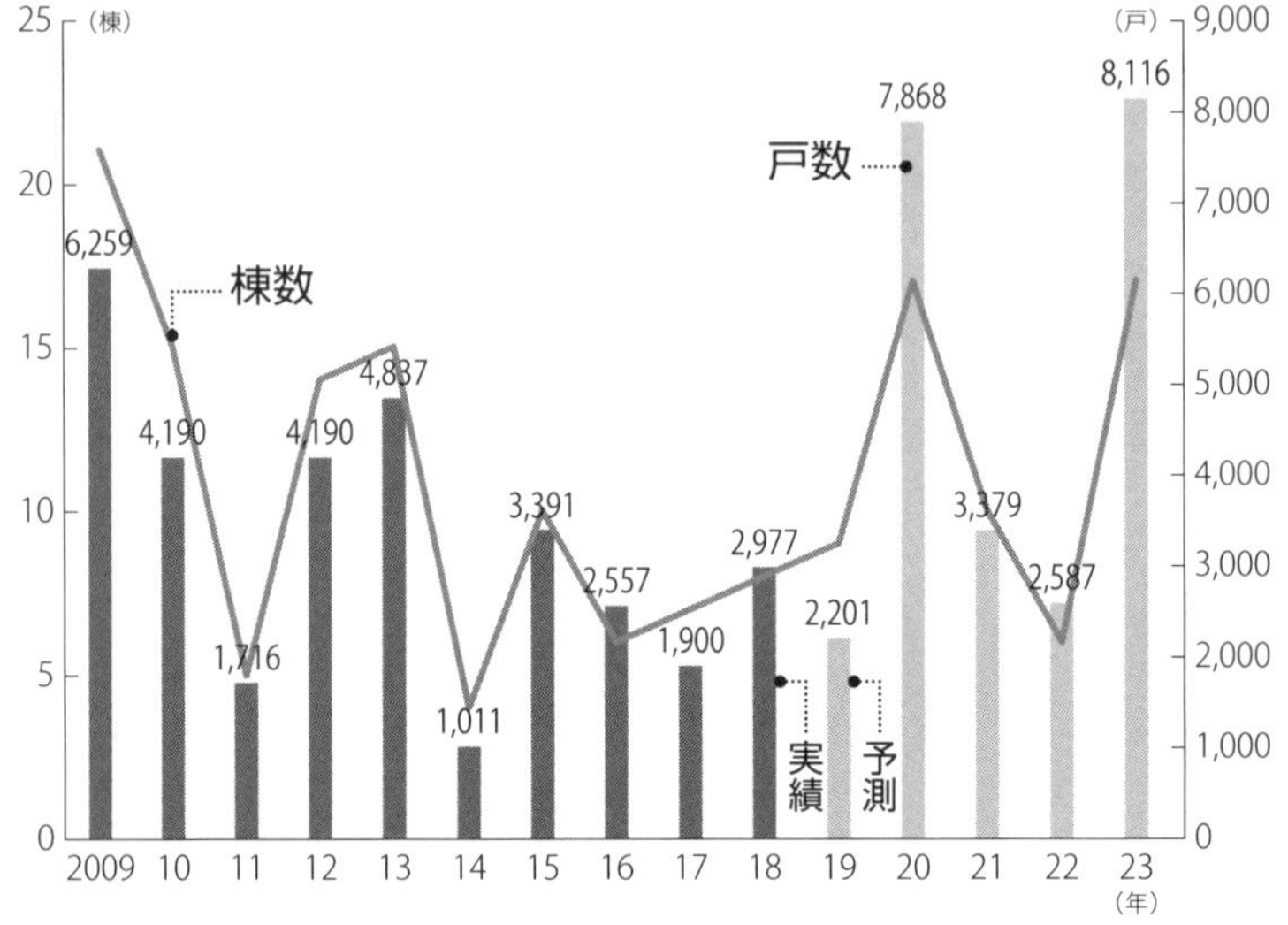

出所：株式会社不動産経済研究所「超高層マンション市場動向2019」より作成

図表6-4　近畿圏超高層マンション（20階建以上）の完成計画棟数・戸数

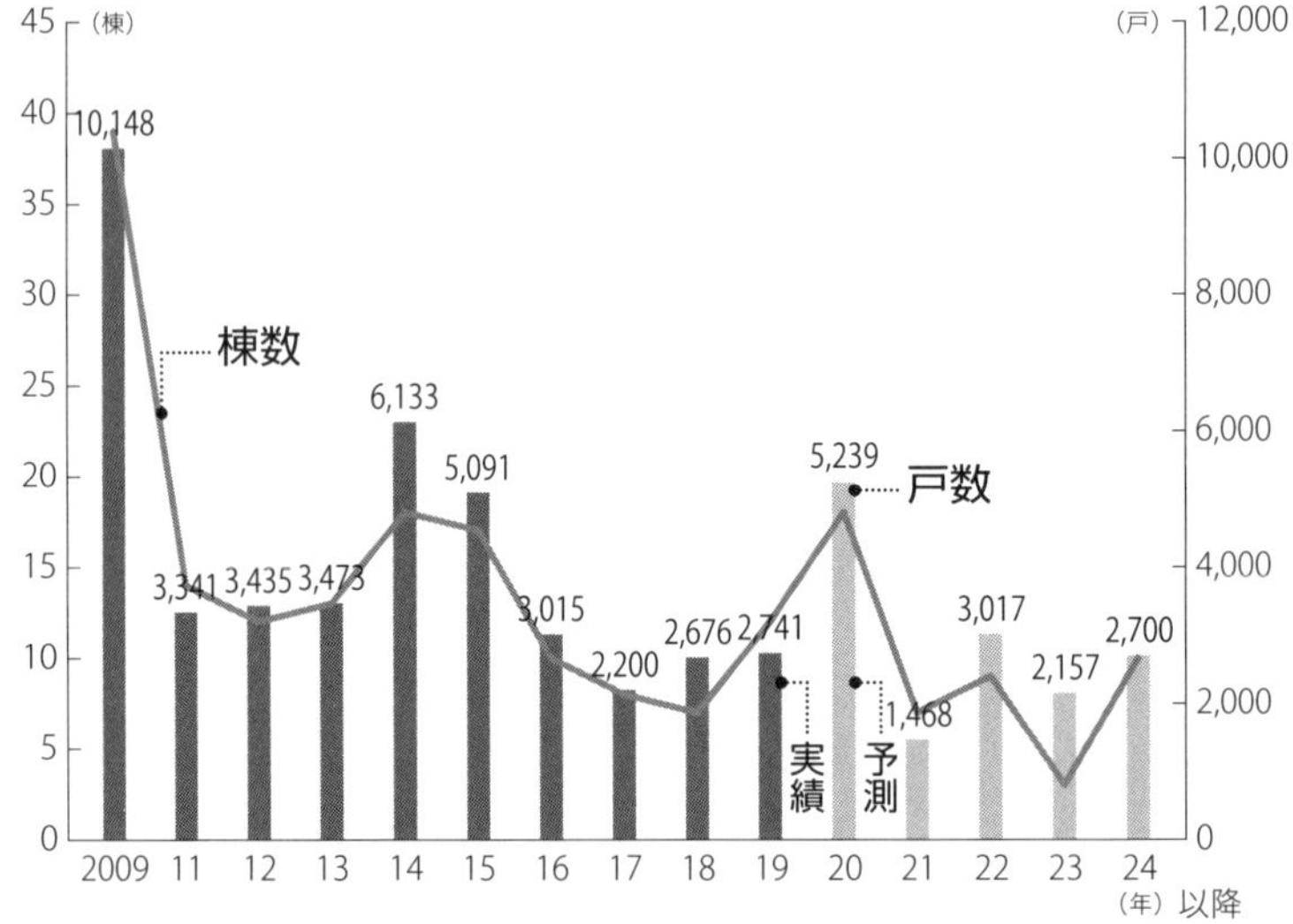

出所：株式会社不動産経済研究所「超高層マンション市場動向2019」より作成

SECTION
6-2 賢い自宅不動産の買い方・売り方

戸建て住宅はサイクルを考えずに買ってもいい

先ほど、戸建てとマンションの中古物件における価格の違いについて述べましたが、では戸建ては買わないほうがいいのかというと、決してそのようなことはありません。売却せず生涯そこに住むという方にとっては、**戸建て住宅**の住まいは快適だと思います。

要するに、自分自身が「ここに住みたい」という場所の物件が出てきたら、戸建て住宅の場合は市況動向に関係なく買ったほうがいいというわけです。戸建ての購入は、そもそも転売で儲けるものではなく、多くの方は定住が前提になりますから、将来に向けて市況が良くなるかどうかは、あまり関係ありません。ですから、自らが考える良い物件があったら「迷わずに買う」でいいと思います。

自分がいい場所だと思っている物件を買いそびれると、当然のことですが、同じ物件は二度と出てきません。実は私の父親がそうで、私が小学生だった頃、何度も戸建ての新築物件を見に連れていかれましたが、「もうちょっと様子を見よう」などと言っているうちに、結局、戸建てを買うことはなく、現在も両親はマンション暮らしを続けています。

戸建ては、「この土地に腰を落ち着けて人生を終えよう」と思える場所が決まっていて、そこに良い物件が出てきたら市況をあまり気にすることなく買ってもいいと思います。

マンションはサイクルを見て買う

前項で戸建ての買い方について述べましたが、マンションの場合は戸建てとは少し異なります。戸建てとマンションのサイクルの違いを実際の中古市場価格の推移で見てみましょう。

図表6－5と**図表6－6**は、2012年から2019年までの東京都における、中古マンションの平均価格の推移と中古戸建の平均価格の推移です。ここでは価格よりも傾きを見てください。すでに述べたように、大都市部では2013年頃から住宅価格が上昇しています。これをマンション・戸建に分けてみると、明らかな違いがあります。中古マンション価格は、不動産市況に乗って右肩上がりで上がっていますが、中古戸建の価格はそれほどでもありません。

図表6-5　東京都の中古マンション成約状況の推移

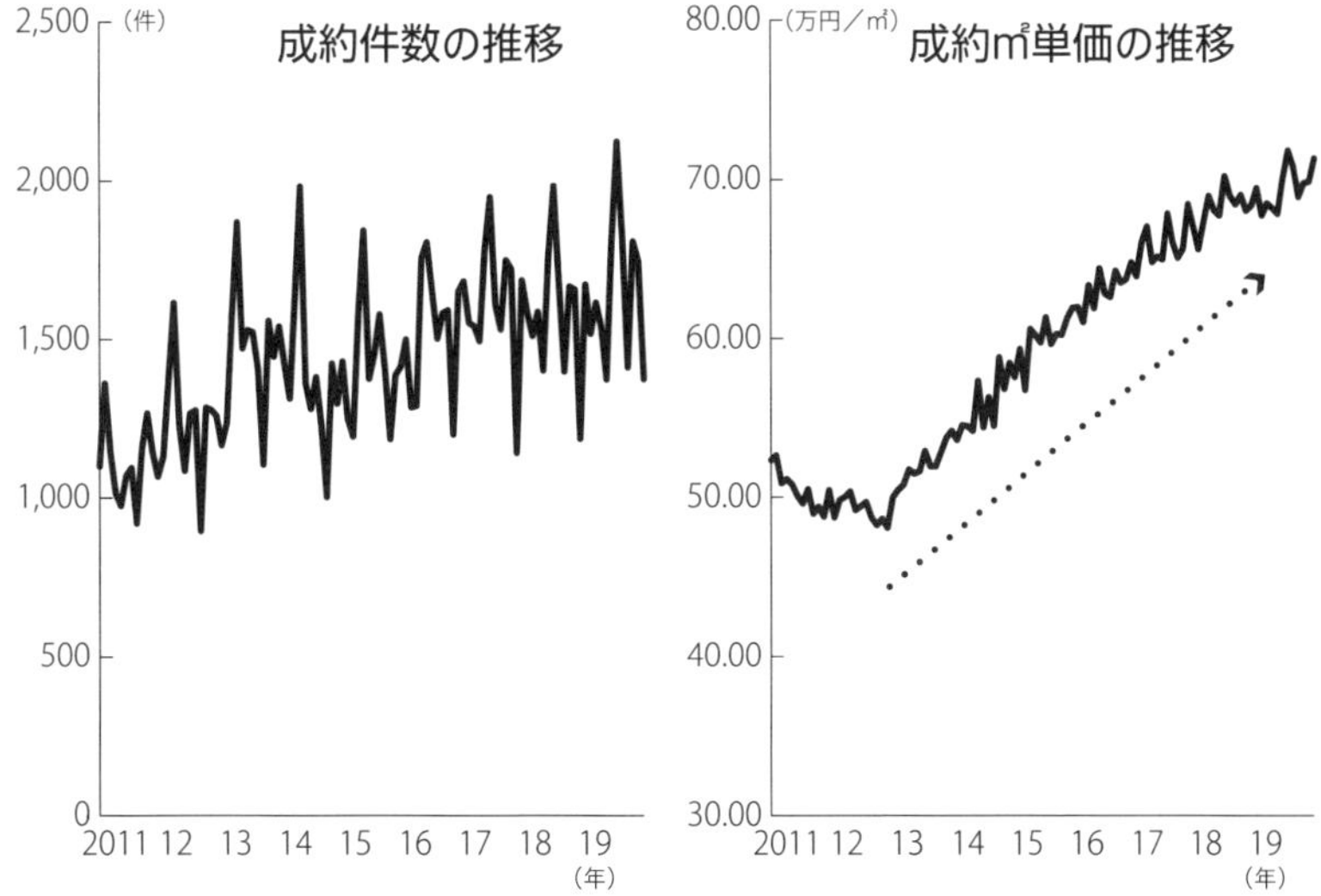

出所：公益財団法人東日本不動産流通機構「月例マーケットウォッチ」より作成

図表6-6　東京都の中古戸建成約状況の推移

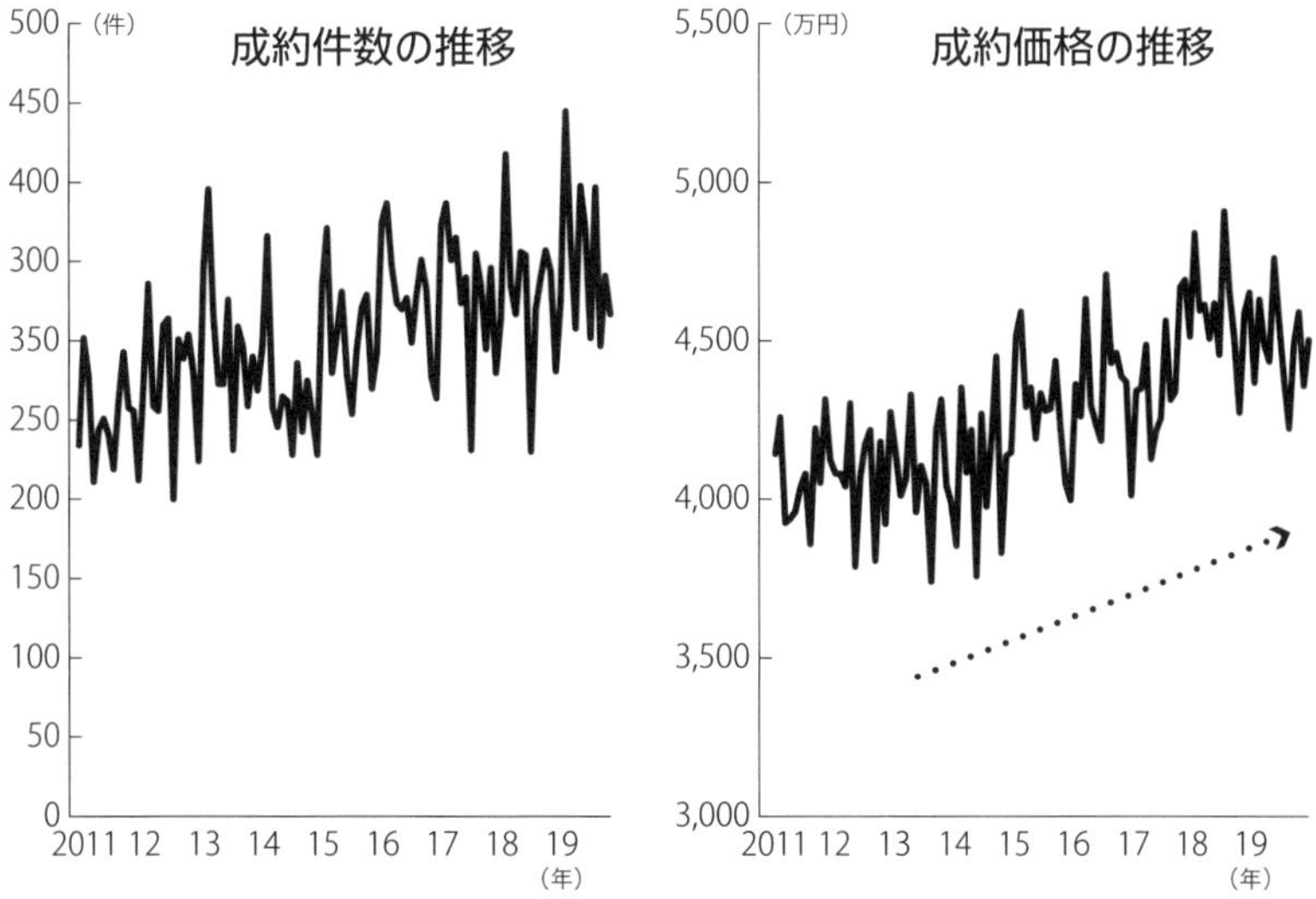

出所：公益財団法人東日本不動産流通機構「月例マーケットウォッチ」より作成

アメリカなどでは、マンハッタンなどの大都会でもないかぎり戸建て住宅住宅に住むのが一般的です。そのため、「アメリカで住宅価格が上がっている」という場合は、中古戸建て住宅の価格が上がっていることを指しますが、現在の日本において、「住宅価格が上がっている」状況のときは、「中古・新築マンション価格が上がっている」という状況というわけです。

当然、逆もいえます。中古マンション価格は市況に左右されて勢いよく上がりますが、市況が悪化すると下がります。一方、一般的に、中古戸建て住宅の場合は、市況の悪化によりマンションほど大きな差が出ません。

中古マンションは不動産市況のサイクルの影響を大きく受けます。しかし、現在の戸建て住宅の場合は、それほど大きな影響を受けないといえます。

自宅マンションを買うときの相場観の算出方法

マンションを自宅として買う場合、価格の妥当性はどう判断すればいいのでしょう。売却時の値付けについては、第1章で説明しましたが、ここでは買う側の視点で考えてみたいと思います。

不動産の価格は「**一物一価**」といわれているように、2つと同じものがありませんので、「正しい価格」というものはありません。「どうしても、あのマンションに住みたい」と思う方ならば、多少高くても購入に踏み切ると思いますし、逆にたとえ安くても買わないと思う物件もあると思います。現に0円リゾートマンションというものも売りに出ているようです。このように、買う側の視点で「妥当な価格」を判断するのはなかなかむずかしいことです。

それでも、割高なものはなるべく買いたくないのは当然です。ではどうしたらいいのでしょうか。中古物件の場合、一般的に同クラスの物件価格を該当事例として、それに対してプラスマイナスの調整を行ない「妥当な価格」を出して、そこから売り主との交渉となるわけです。

しかし、別の方法で「妥当な価格」を算出する方法もあります。それは、その物件を賃貸として貸し出したらいくらになるか？　という視点からの算出です。たとえ、賃貸として貸し出すことを想定しているわけでなくとも、価格が高いか安いかを判断するために、使える方法です。

賃料が月25万円の物件は年間賃料は300万円となります。それを、該当エリアのだいたいの想定利回り（キャップレート）で割り戻します。最近の東京都心のファミリータイプマンションだとキャップレートは4％台前半のようですので、仮に4％とすると、300÷0・04＝7500万円となります。そこから、「8000万円だったら少し高いな、7000万円だったらお買い得だな」という目安を付けます。これは業界関係者のあいだでは一般的な考え方です。

マンションはいつ頃買うのがお買い得だったのか？

時系列で見て、いまの価格は高いのか？　お買い得なのか？　という判断もまた、むずかしいところです。当然安いときを狙って購入したいところですが、第1章で述べたように、「いまが底」というのは、その時点ではわかりません。しかし、サイクル理論に基づけば、なんとなく「いま頃が底かもしれない」というアタリは付けられます。

図表6－7は、日本不動産研究所が公表している住宅価格指数の推移です（詳しくは第8章参照）。1993年6月～2019年末頃までの推移で、2000年1月の数字を100としています。

グラフを見ると、首都圏総合で、2005年

図表6-7　住宅価格指数（1993年6月～。2000年1月＝100）

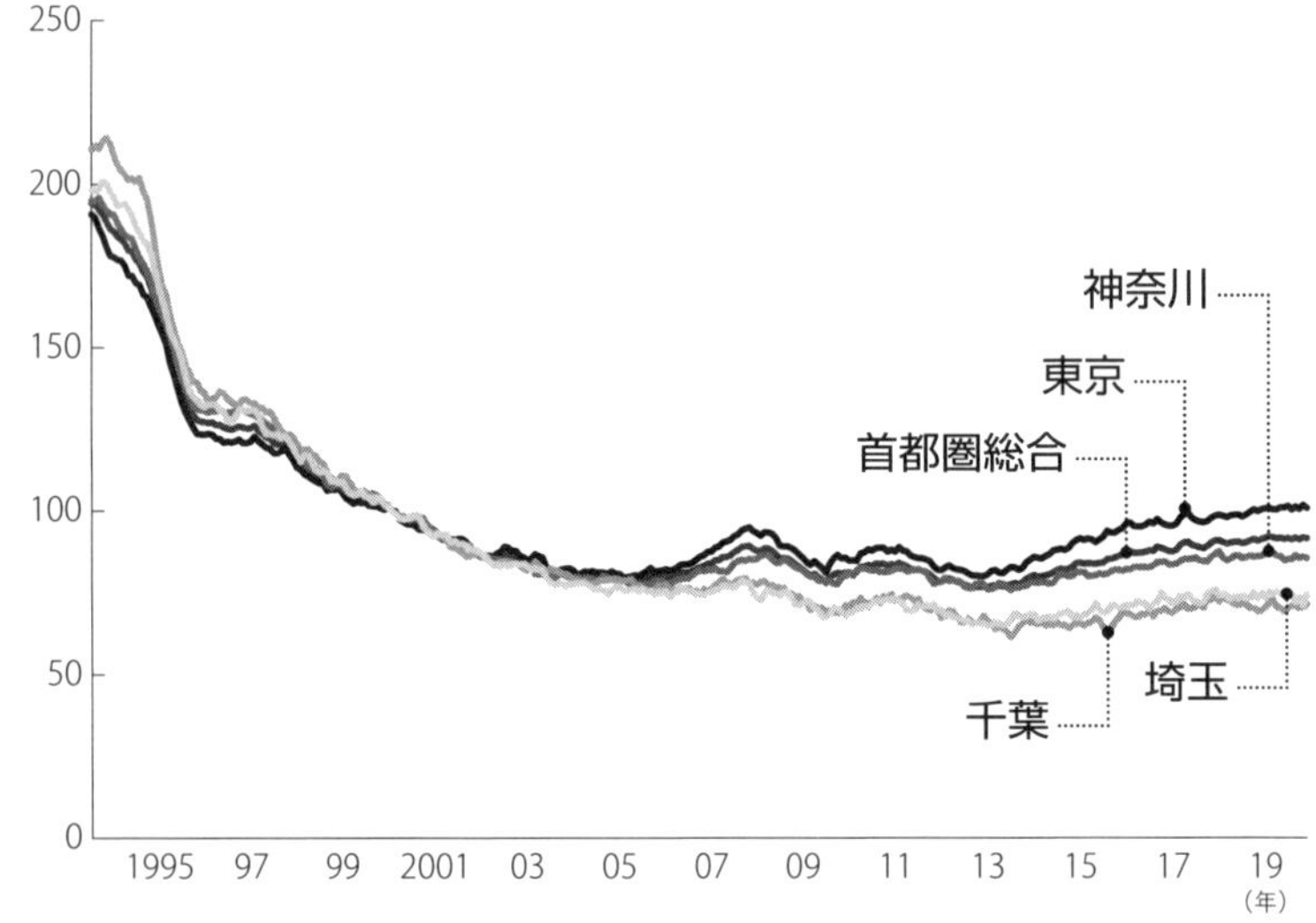

出所：一般財団法人日本不動産研究所

年初あたりと、2012年の秋頃あたりが低い値となっており、市況だけで見るとこの頃がお買い得だったことがわかります。

東京だけを見ると、基準となる2000年1月の数字を超えるのは、ミニバブル期にはなく、今回の好景気が続く最中の2018年秋以降でやっと100を超えます。こうしてみると、東京の中古マンションは、2000年以降では現在（2020年年初）が最も価格が高く、最も安かったのは2005年年初と2012年の秋頃ということがわかります。

ここからすると、もうしばらく高値が続きそうで、仮に下がっても大きく下がるとは思えないので、「安値を狙ってマンションを買いたい」という方はしばらく様子見が賢い選択だといえます。

第 7 章

2020年から2025年までの不動産市況予測

Strategies and Tactics for Real Estate Investment

現在と今後の不動産市況を私はどう見ているのか

ここまで、不動産投資を実践するための考え方やノウハウについて説明してきました。

誰もが、投資としての不動産、自宅としての不動産ともに、「高値づかみ」はしたくないと考えています。「いまが買い時か？」、「いまは売り時か？」をしっかりと見極める必要があります。

本書では、タイミングを見極めるために、ひとつの基本線として「不動産サイクル」の存在を提示しました。

では、いまどのようなサイクルにあるのでしょうか。本章では現状と２０２５年ぐらいまでを見通して、私が不動産市況をどのように判断しているのかについて、投資の対象となるセグメントごとにお伝えします。

SECTION

7-1

不動産全般の状況と住宅の市況

市況が急激に下落することはなさそう

はじめに、足元の不動産市況がどのような状況なのかについてサイクルとともに説明します。

2020年の日本全体の不動産市況は、2012年の秋口あたりからスタートした上昇基調にあるといえます。2015年前後にいったん不動産市況は踊り場に差しかかり、上昇が止まりかけたものの、2016年1月に日銀がマイナス金利政策の採用を発表したことなどによって、再び上昇機運に乗りました。

2008年のリーマンショックでピークから下落基調になり、サイクルからすると、そこから7年目の2015年は大きな節目になるはずでした。したがって、2015年にいったん不動産市況が踊り場に差しかかったというのは、サイクル的には自然な流れといえました。

ただ、そこで好況が止まらなかったとはいえ、不動産市況が底打ちから上昇に転じてかれこれ10年近くが経過した2019年になると、「もう、いくら何でも」という雰囲気が強まってきたのは事実です。たしかに、相場という側面からすると、10年も上昇が続けば天井をつけてもおかしくありません。不動産ビジネスにかかわっている人の大半も、2019年をピークにして、下落に転じるだろうと見ていました。

その流れからすると、2020年以降はいよいよ下降トレンド入りの可能性を考える人もいますが、私自身は2020年の不動産市況は、大きな上昇はないものの、悪くはないと見ています。

図表7-1　2020年現在はサイクルのどのあたりか？

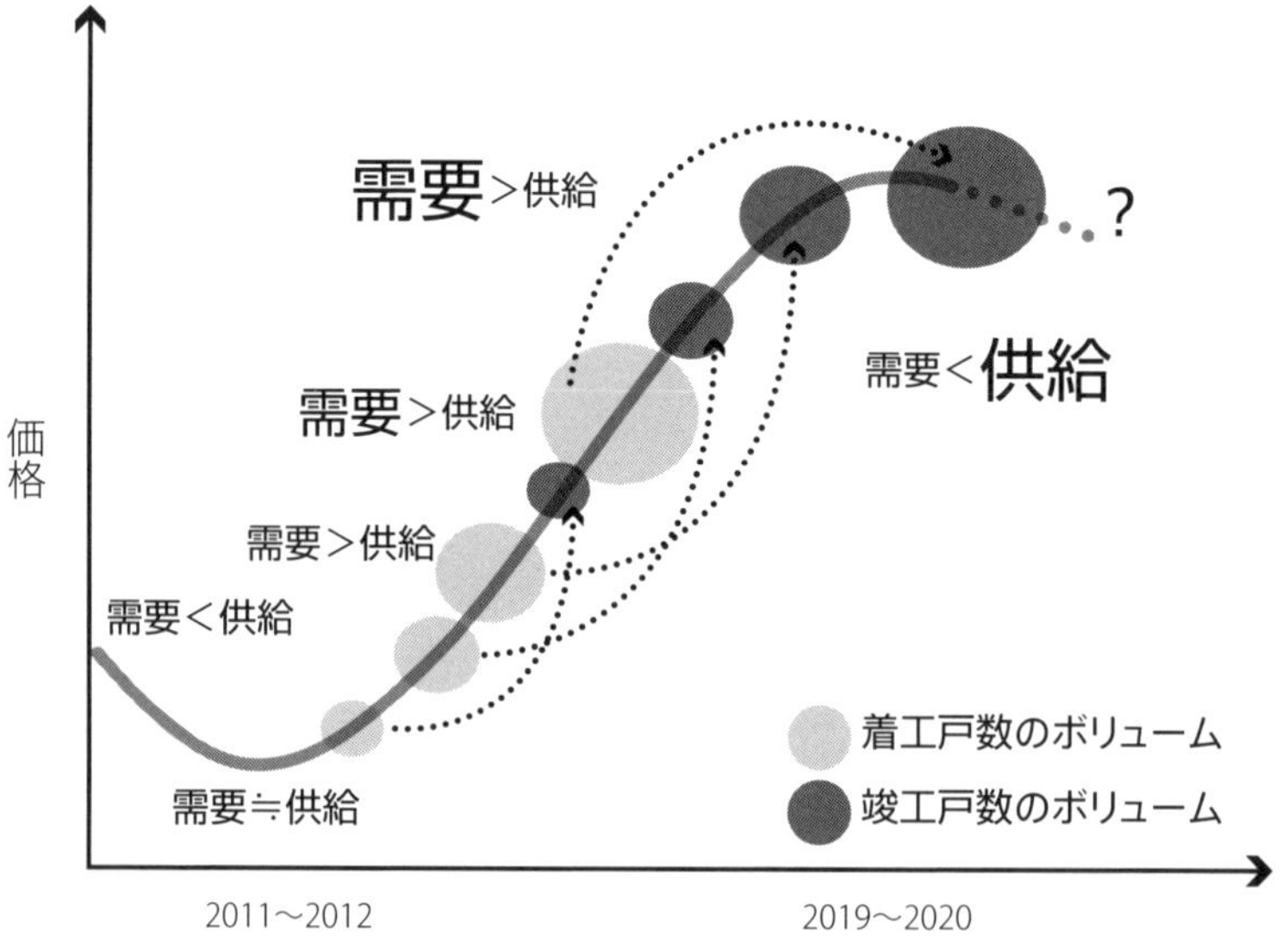

不動産市況が大底をつけた２０１２年から２０１５年にかけてのような勢いの強い上昇トレンドは期待しにくいものの、市況自体は崩れず、投資環境は決して悪くないという状態が２０２０年も続くでしょう（**図表７－１**）。

不動産市況が崩れにくい要因は、やはり金利が低いことです。

利回りベースで投資の収益性を比較すると、国債など円建て債券は超低金利、株式の配当利回りはプラスですが、それほど高くはありません。したがって、利回りベースで不動産に投資していたほうが良いのではないかという、消去法的な判断が働いているようです。

東京や大阪といった大都市圏への投資意欲は少しずつ収まりつつあり、地価上昇の勢いがだいぶ削がれてきた感はありますが、新潟や仙台、広島といった地方大都市や、北海道のニセコや沖縄といった地方観光都市にはまだまだ資金が流れ込んでいます。これは実際に路線価などで地方の地価を見ると明らかで、47都道府県のうち約半数で地価が上昇しています。

そして超低金利の状況はまだしばらく続きそうですから、少なくとも不動産市況が急激に下落することはなさそうです。

不動産の市況全般としてはこのような状況ですが、もちろん、購入や投資の対象ごとに勢いは異なります。以下ではそれぞれについて分析していきましょう。

実需マンションの市況について

まず新築分譲マンションは、第3章でも触れたように高止まりが続いており、価格が下がる様子はしばらくなさそうです。

新築分譲マンションの販売価格は、土地の購入費、建物を建てるための資材、実際に建物をつくる人たちへの人件費、そしてマンションデベロッパーや不動産会社が得る手数料などを加味して決定されますが、すべて高止まりしており、もし、たとえ市況が悪化したとしても、下げることはむずかしいわけです。

２０２０年以降の新築分譲マンションの建築計画を見ても、首都圏ではかなりの数が予定されており、マンションデベロッパーも強気の姿勢を崩していません。こうした状況を考えると、新築分譲マンションの価格は今後も、高値で推移すると思われます。

次に中古マンションですが、こちらは２０１８年終わりから２０１９年前半をピークに、価格は少しずつですが低下傾向です。それは中古マンションの販促用チラシに、「新価格」という文字を目にするようになったことにも現れています。

新価格というのは、要するに「値下げしましたよ」という意味です。２００８年のリーマンショックのときに、マンションが売れなくなり、不動産会社は少しでも販売を伸ばすために値下げをしました。このときに用いられたのが「**新価格**」という言葉でした。ただ当時は、値下げしても売れないマンションがあふれ返り、「新・新価格」という言葉も登場しました。つまり「再・再値下げ」という意味です。

したがって、新価格を盛り込んだチラシが出回り始めたということは、それだけ中古マンションの市況がスローダウンしている証拠になります。とはいえ、一方で新築分譲マンションの価格が高止まりしますから、中古マンション市況だけが大幅に落ち込むことはないはずです。

さて、もう少し先の未来について考えてみましょう。

2000年代の半ばあたりにマンションは大量に供給されていますが、その理由は、当時流行った「**持たざる経営**」により、大手企業が活用していない土地を放出したことにあります。ムダだとその当時はいわれた（最近は見直されています）社宅用地や保養所用地を売りに出したことや、工場の移転にともなって空き地となった都内の土地が売りに出されたことなどにより、大規模マンションを建てるための用地が大量に発生しました。それに加えて、1971年から1974年に生まれた団塊ジュニア世代が30代前半から半ばくらいの年齢に達して購買ニーズが増えたこともありました。

いまから5年後の2025年になると、団塊ジュニア世代は54歳から57歳です。定年はもう少し先ですが、そろそろ子供が独立し、夫婦2人には広すぎるマンションから引っ越そうと検討する人も出てくるタイミングです。

その後、2030年になると団塊ジュニア世代は59歳から62歳、2035年になると64歳から67歳になりますから、いよいよ定年です。その頃にはもう少し定年自体が伸びているかもしれませんが、数年のズレはあるにせよ、団塊ジュニア世代において、住宅に対するニーズが変化することは間違いありません。

リタイアすれば、もう東京近郊に住む必要性はなくなります。そうなると、これまでその世代が住んでいたところが売られ、たとえば郊外の一戸建て住宅が改めて注目されてくるかもしれませんし、逆に都心のもっと狭いマンションが注目されてくるかもしれません。

最近では、**デュアルライフ**にあこがれる方も増えているようです。平日は都市部で暮らし、休日は趣味のためやきれいな空気を求めて地方で暮らす、そんな生活です。都心から近く交通の便がいい熱海や軽井沢、房総半島、あるいは北関東エリアなどが人気のようです。

最近の国土交通省の資料によると、現在こうしたデュアルライフを行なっている世帯は、1・5％程度で、30代、40代へのアンケート調査では約3割の方が、「将来、二重生活を送りたい」と回答しています。これは、地方の活性化にもつながり、良い傾向だと思っています。

いずれにしても、実需用の住宅市況に大きな変化が起こる可能性があるということを、頭に入れておいたほうがいいでしょう。

投資用レジデンスの市況について

投資用レジデンス（レジデンス＝住居）の対象不動産の種別は主に4つあります。

ワンルームマンション、1棟マンション（小規模と大規模に分かれます）、ファミリー（DINKS含む）マンションです。

これら4つについて、順を追って今後の市況を見ていきましょう。

まずワンルームマンションは、当面は好調だと思います。第5章で触れたように、今後、人口は少しずつ減るものの、単身者世帯はまだまだ増えることが予想されるからです。単身者世帯が増えれば、それだけワンルームマンションの需要も高まっていきます。実際、ワンルームマンションの投資利回りは、第1章で述べたキャップレートを見ると引き続き低下傾向をたどっていますが、これは裏を返すとワンルームマンションの価格がジワジワと長いあいだ上昇していることを意味します。

次に小規模1棟マンションに投資するケースですが、従来、こうした投資をするのは、収入が安定していて、ステータスの高い弁護士や医者、そして会社員でもある程度の役職者（高年収サラリーマン）が大半でした。

これらの方々が、金融機関から融資を受けて1棟マンション投資を行なってきたのですが、最近の金融機関は、こうした物件向けの融資スタンスがとても厳しくなっています。その結果、こうした方々が投資対象としてきた、小規模な1棟マンション（投資金額で5億円以下）については、やや低迷しています。そして、金融機関の融資審査の姿勢が変わらなければ今後も、この領域は厳しさが続くと思われます。

裏を返せば、こうした小ぶりな1棟マンションについては今後売り急ぎ物件が出てくるかもしれませんので、融資を受けられる方にとっては、思わぬ「お買い得物件」を手にすることができるかもしれません。

一方、規模の大きな1棟マンションは好調です。価格にして5億円超、あるいは10億円以上というものについては、J－REITや外国人投資家の需要が旺盛です。J－REITや外国人投資家のように大きな資金を持っている場合、小さい物件をたくさん買うと管理が大変なので、できればなるべく大きな資金でひとまとめになっている物件に投資するという傾向があります。

したがって、今後も大規模マンションの1棟買いは堅調で、小規模マンションの1棟買いは情勢が厳しくなるというように、二極化していくものと思われます。

最後にファミリー（DINKS含む）マンションについては、前項の実需と被る部分が大きくなります。したがって、前述したようにいまの時点では決して悪くはありませんが、中長期的に見れば、ニーズに変化が現れることが想定されるため、注意が必要です。

SECTION
7-2
オフィスと商業用不動産の市況

オフィスビルの市況について

このところ不動産市況で最も好調なのがオフィスビルです。ビルの賃料は東京の都心を中心に絶好調な状態で、賃料は非常に高水準で、空室率は極めて低い状態が続いています。

2019年はオフィスビルの供給が非常に多い1年でした。虎ノ門エリア、渋谷エリアを中心にして、次々に超大型のビルが竣工されました。通常はこれだけ新しいビルができると、供給過剰の懸念が生じますが、目下のところその心配はほとんどいらない状態になっています。

一般的にオフィスビルは延べ床面積でAクラス、Bクラス、Cクラスというクラス分けがされています。Aクラスは延べ床面積が大きく、Cクラスは小さくなります。また、都心の一等地に建てられている大規模なオフィスビルについては、Aクラスの上位としてSクラスと称される物件もあります。現在は、新しくSクラスやAクラスの物件が建てられると、古いBクラス、CクラスのビルからAクラス、あるいはSクラスの物件に引っ越す企業が増える一方、BクラスやCクラスの物件に入居する企業も少なくありません。つまりオフィスビルの需給は、古い手狭なビルも含めて相変わらずタイトです。そうした実態を見ると、まだしばらくのあいだ、オフィスビルの市況は好調が続くと思います。

オフィスビルの市況が好調な理由として、「より大きな床面積を求める」傾向が強いことがあります。より大きな床面積を求める理由としては、従業員の採用が増えていることや、さまざまなところに散っているオフィスを1か所にまとめたいというニーズも結構多いようです。そして、より大きなオフィスビルをまとめたことによって空いた部屋には、これまでは都心に拠点を持っていなかった地方の企業が入居するという流れもあるようです。

ほかに、外資系企業が改めて東京にオフィスを構える動きもあります。日本は法人税率が高いとされていて、かつてはアジアの拠点を東京から香港、あるいはシンガポールに移す動きもあったのですが、最近は香港のデモによるリスクを嫌気した外資系金融機関などで、シンガポールや東京などに拠点を移そうという動きがあるようです。

逆に東京が有利な点もあります。それは相対的に物価が安いということです。

たとえばレストランでちょっとしたランチをすると、日本なら1000円で収まるところが、海外に行くと円換算で3000円、4000円くらいになるのは珍しくありません。その観点からいうとオフィスの賃料も同様で、シンガポールや香港の賃料は、日本と比べ高額です。グローバルに展開する企業からすれば、法人税率は日本のほうが高くても、オフィスを維持するコストが安いので、トータルではコストを抑えられるという判断もあります。

こうしたさまざまな要因があり、日本のオフィスビル需要は旺盛であり、不動産市況も当分、堅調が続くものと思われます。

ホテルの市況について

個人地主が土地活用としてホテルを建てる場合は、ホテル運営会社から賃料を受け取るという形が多いようです。当然、ホテルの稼働率が悪ければ、賃料が上がりませんし、土地・建物の評価額も上がらないということになりますから、投資の成否はホテルが活況になるかどうかにかかってきます。

その点では、日本にくる外国人観光客数は年々増加傾向をたどっており、2018年は過去最高の3119万1856人となったことを背景として、目下のところホテルは好況が続いているといえます。2019年はラグビーワールドカップで大勢の外国人観光客が訪日しましたし、2020年はオリンピック・パラリンピックイヤーですから、訪日外国人観光客数はさらに伸びる可能性があります。訪日外国人観光客数がさらに増えれば、宿泊施設が必要ですから、オリンピック・パラリンピックイヤーを前に、東京都内や横浜など首都圏ではホテルの開業ラッシュとなっています。

ただ、第2章で触れたように、過去の傾向を見ると、世界のどの国でもオリンピック・パラリンピック後はホテル需要が反動減になるのが普通です。その反動が顕著に表れたのがバルセロナで、オリンピック・パラリンピック開催にかけてホテルの稼働率は大幅に伸びたものの、その後は一気に稼働率が低下し、ホテル業は大不況となりました。

東京もそれと同じ状況になることが予測されます。

もっとも、日本全国でみれば、全般的にホテル需要が落ち込むのではなく、良いところはとても好調で、それ以外が大きく落ち込むというように、まだら状態になると思われます。北海道のニセコや京都、沖縄といった、外国人観光客が好む観光地のホテルは、料金も高めに設定されており、高い収益性が期待されます。たとえば京都のリッツカールトンなどは、1泊の宿泊料が6万~7万円ですし、ニセコのホテルも1泊10万円超えというホテルが普通にあります。

ホテルの宿泊客で、日本人が急に増えるということはありませんから、市況としては外国人次第だといえます。したがって、外国人観光客に人気のスポットは堅調が続きますが、そうでないところは反動減になると思われます。

しかし、第2章でも少し触れましたが、新型コロナウイルスやかつてのSARSのような事態が発生すると、大打撃を受けることもあります。

商業施設・倉庫の市況について

商業系不動産投資というと、ホテルと同様に、土地活用で商業施設を建てて、その運営会社から賃料を受け取るという形が一般的です。当然、商業施設の景気が悪ければ、賃料が上がりませんし、土地・建物の評価額も上がらないということになりますから、投資の成否は商業施設が活況になるかどうかにかかってきます。

その観点からいうと、現状だけでなくこれからさらに厳しくなるとみられるのが商業施設です。理由はEC（電子商取引）の隆盛の影響です。

経済産業省の調査結果によると、2018年の日本国内におけるEC化率は、一般消費者の買い物であるBtoCで6・22%、企業間取引であるBtoBでは実に30・2%にも達しています。

つまり、日常生活で身に着ける服や靴、あるいは日用雑貨の場合は、100人いたらそのうちの6人以上がインターネット経由で買っていることになります。

こうした普及率は、10%に達すると加速度的に増えていくといわれています。なぜなら、体感として自分の周りの多くの人がそれを利用しているように見えると、自分もそれに参加しなければ乗り遅れるという気持ちになるからです。

たとえば、総務省の「通信利用動向調査」によると、スマートフォンは２０１０年に保有率が９・７％になった後、２０１１年には29・３％まで上昇しています。そして２０１７年には75・１％にまで上昇しました。このような流れになれば、今後はますます商業施設には人がこなくなると考えるのが自然です。

最近は、銀座や表参道など都心の（商業地としての）一等地にフィッティングルームを設け、服や靴のサイズをそこで合わせて、実際の注文はＥＣで行なうというケースもあるようです。このように、消費者の買い物のスタイルが昔と大きく変わってきたことによって、百貨店を中心にして旧来型の商業施設は厳しい状況が続くと考えられます。

さて、ＥＣの隆盛によって商業施設が悪くなるとすれば、ＥＣに不可欠な施設である倉庫などに注目が集まります。

そして倉庫はたしかに絶好調といってもいいでしょう。ただ、倉庫の落とし穴は人手不足です。したがって、働き手をしっかり確保できるかどうかが、物流施設の死活問題になっていきます。各物流施設も少しでも多くの人が現場で働けるような環境を整えようとしていますが、その条件のひとつが通勤に便利な立地にあることです。

倉庫は物流の拠点ですから、現在は集められた荷物を効率よくさまざまな方面に送り出せるような場所にあります。具体的には高速道路のインターチェンジ付近です。しかし、高速道路のインターチェンジの近くとなると、一般的に駅からは遠くなります。

倉庫の規模や扱う荷物によっては駅の近くはむずかしいと思われますが、駅に近い物流倉庫が増える可能性があるかもしれません。

第 8 章

不動産市況を読み解くためのデータ

Strategies and Tactics for Real Estate Investment

正しく不動産市況を読み解くためにチェックすべきこと

本書で何度か述べてきたように、個人投資家であれば、普段は賃料収入（インカムゲイン）でコツコツ収益を上げ、サイクル次第でチャンスがきたら、勝負に出て値上がり益（キャピタルゲイン）を狙いにいく、というのがスマートな不動産投資のイメージです。

本章では、不動産市況のサイクルを見極めるために、氾濫する情報に惑わされることなく正しく実情をつかむことができるよう、データの具体的な入手法、各データの特徴、読みこなし方について説明します。

実際にはもっとたくさんのデータがありますが、それらについて詳細に説明すればそれだけで1冊分の分量になってしまいますし、たとえば研究者などになるのでなければ、時間をかけてそうしたデータを日々チェックする必要もありません。ここでは必要十分なものを厳選してお伝えします。

ぜひ、検索して実際のデータを一度見てください。

SECTION

8-1

不動産市況を読み解く基本的なデータ

不動産価格指数

まずは、指数（INDEX）と呼ばれるものについて見てみましょう。不動産投資の指標となる指数となるものは多く存在します。

まず1つ目は、「**不動研住宅価格指数**」です。この指数は、2009年から東京証券取引所で公表されていたものを、2015年から日本不動産研究所が引き継いだものです。

日本不動産研究所のホームページには、「2015年1月より公表開始した『不動研住宅価格指数』は、株式会社東京証券取引所の『東証住宅価格指数』を引き継ぐもので、**東日本不動産流通機構**（**レインズ**）より提供された首都圏既存マンション（中古マンション）の成約価格情報を活用し、同一物件の価格変化に基づいて算出された指数です。」とあります。

この指数はアメリカで公表されている**ケース・シラー指数**と同じ**リピートセールス法**という手法を使って算出（アメリカは中古戸建のデータですが、日本は中古マンションの取引データです）しています。2か月後の月末に公表されますので、たとえば、10月分は12月末に公表といった具合です。1993年6月分からの指数が公表されていますが、首都圏の一都三県、首都圏総合の4つしか指数化されておらず、他のエリアデータはいまのところありません。

次に、国土交通省の「**不動産価格指数**」です。これは、国土交通省が入手している年間約30万件の不動産の取引価格情報をもとに、全国・ブロック別・都市圏別・都道府県別に不動産価格の動向を指数化したもので、「住宅」と「商業」に分けて、毎月公表されています。

また、この指数を補完するものとして、所有権移転登記情報をもとに、不動産の毎月の取引件数および取引面積を示す「不動産取引件数・面積」も毎月公表されています。

ほかにも指数と呼ばれるものは多くあります。無料で公開されているものもあれば、会員限定のもの、有料で手に入るものもあります。このなかで無料で入手可能なものは、時折りチェックするようにして、市況をつかむといいでしょう。

証券・株式関連のデータ

2001年にJ－REITが始まり、これにより不動産と金融が融合されました。これによって不動産ポートフォリオを組成し、それを小口化して投資家に募ることで、一気に不動産投資のハードルが下がり、証券を通じた多くの不動産投資家が生まれました。

一方で多くの一般投資家が不動産の賃料を主な配当資源としたJ－REITを購入することになり、公正な情報開示が求められました。こうした状況に応える形でいろいろな指数が順次公表されるようになりました。

日本証券取引所が公表しているJ－REITの指数が「**東証REIT指数**」です。

東証REIT指数は、2003年から公表されていますが、推移を見たい方は、ヒストリカルデータを調べることができます。たとえば、賃貸住宅経営をされている方は、東証住宅REIT指数を参考にすればいいと思います。

また、「不動産投信情報ポータル」でもJ－REITに関するデータは入手できます。

これらの不動産関連の証券系・株式系データは、日々更新されますので、タイムリーな市況の動きを見ることができます。

キャップレート（投資家が期待する利回り）に関するデータ

「キャップレート」はいくつかの機関から公表されていますが、ここではそのなかで2つ紹介したいと思います。

1つ目は、日本不動産研究所の「**不動産投資家調査**」にプロパティー別のキャップレートが掲載されています。この調査は、アセットマネージャー、デベロッパー、金融関係機関などへのアンケートがベースとなっています。

また、図1-8でも引用した不動産証券化協会が半年に一度調査・公表している「**不動産投資短期観測調査**」（不動産投資短観調査）でも、キャップレートを知ることができます。こちらも、各種機関投資家、アセットマネージャーなどに対してのアンケートをもとに算出しています。

国土交通省関連のデータ

国土交通省も多種多様なデータをいくつも提供してくれています。

たとえば、日本全国で土地を購入した人のうち、どれくらいの割合の方が「賃貸住宅建設のための土地購入」だったか、想像がつきますか？

個人の土地購入において、東京圏や大阪圏などでは約10％程度、全国では約6・7％が賃貸住宅建設のために土地を購入しています。

国土交通省のホームページに入り、「オープンデータ」ページ↓統計情報↓土地関連統計データ↓**土地保有移動調査**とクリックしていけば、このデータにたどり着くことができます。

日本の公的機関は、近年ものすごい勢いで統計データの整備・公開を進めてきました。「情報公開」という言葉が広く使われはじめて久しいですが、さまざまな統計データ情報が、各省庁のサイトに公開されています。また、主要なデータには説明のパワーポイント資料もついていることが多くあり、この説明を読めば、大筋がつかめます。

また、CVSデータ、エクセルデータで公開されているものも見られ、これらは利用するものが独自に加工し分析できるようになっています。

国土交通省には白書や調査報告が公開されていますが、この白書は毎年のその分野を全体俯瞰できる内容になっていますので、業界にかかわる方・不動産投資に興味のある方は、目を通しておいたほうがいいと思います。

国土交通省が出している白書にもいろいろありますが、土地活用・不動産・建築といった本サイトが扱っている分野で最も重要な白書は「**土地白書**」だと思います。

ほかにも、国土交通省のホームページには、数多くの統計データが公開されています。それらのなかで、不動産投資に必要なデータの多くは、「**建築・住宅関連統計**」のなかにあります。

ちなみに、最もメジャーな統計データのひとつである「**新設住宅着工戸数**」も、このなかにあります。またサイトの下のほうにいくと、分野別に分かれたさまざまなデータがあります。

読者に関係あると思われる分野は、「土地」、「建設工事」、「都市」、「建設業」「建築・住宅」などで、このページのなかに重要なデータがいろいろとあります。

住宅市況の最重要統計、住宅着工統計の読み解き方

国土交通省が公表しているデータのなかで、住宅業界では最重要データのひとつといえるのが、「**住宅着工統計**」です。

住宅が毎月どのくらい建てられているのでしょうか？　建築業界は日本の基幹産業のひとつで、それに携わる労働人口の数も多いといわれています。また、住宅の購入時には、家具や家電、その他多くの消費が生み出されます。また、たいていは住宅ローンを使うので金融機関のビジネスにもつながります。そのため、時に政府は景気浮揚策として住宅ローン減税などを実施し、住宅建築・住宅購入を促すことを行なってきました。

住宅着工統計は、新たに建てられた住宅の統計で、国土交通省より毎月公表されています。当月分の数字が翌月末に公表され、行政が公表するデータのなかではかなり鮮度のいいデータです。同様に国土交通省から発表される建築着工統計という統計データがあります。名前が似ているため混同しやすいのですが、「**住宅着工統計調査**」は「**建築着工統計調査**」から住宅関連のデータのみを取り出してまとめているものなので、建築着工統計調査の一部といえます。

少し前のことですが、政府の統計調査の不正・不備などが話題になりましたが、住宅着工統計は建築主から都道府県知事に提出された建築工事の届出を毎月集計して作成されており、建築確認申請の提出と連動しているため、信頼性はかなり担保されているといえます。

住宅着工統計は、４つのカテゴリーに分かれています。「持ち家」「貸家」「分譲住宅」そして、「給与住宅」です。

「持ち家」は、「建築主が自分で居住する目的で建築するもの」と定義されていますので、ハウスメーカーや工務店などに依頼して建てる、いわゆる注文住宅です。

「貸家」は、「建築主が賃貸する目的で建築するもの」と定義されていますので、賃貸住宅のことを指します。昨今では４つのカテゴリーのなかで最も建築数の多いカテゴリーです。土地活用で賃貸住宅を建てている方が、「最近増えているのか」とか「どの季節が多いのか」などを見たいのであれば、この数字を見ればわかります。

「**分譲住宅**」は、「建て売り又は分譲の目的で建築するもの」と定義されています。分譲戸建て、分譲マンションなどが該当します。

「**給与住宅**」は、企業や官公庁が建てる、社宅や官舎などのことで、４つのなかでは最も少なくなっています。

住宅着工統計は国土交通省のサイトに掲載されています。公表は、月末最終日（平日）の14時となっています。また、政府統計だけを集めたサイト「**政府統計の総合窓口　e-Stat**」にもまとまった形で掲載されています。

「政府統計の総合窓口（e-Stat）」は、日本の政府統計関係情報のワンストップサービスを実現するため２００８年に始まった政府統計のポータルサイトで、総務省統計局が整備し、独立行政法人統計センターが運営しています。

ここでは、各府省などが実施している統計調査の各種情報、各府省などが公表する統計データなどを一括して見ることができるのでとても便利です。

総務省関連のデータ

次は、総務省が調査を行なっているデータについてです。

総務省が主体となって調査を行ない、公表する「**住宅・土地統計調査**」ですが、私たちの住まいの実態を全国規模で、また地域別で把握できる唯一の調査で、住宅分野の最重要調査のひとつだと思います。

その最新調査（平成30年＝２０１８年10月１日調査）は、２０１９年９月末に公表されました。この調査は、住宅など居住する建物に関する実態やこれらに居住している世帯に関する実態を調査し、その現状と推移を全国・地域別に明らかにすることが目的です。

本調査は、昭和23年（１９４８年）にスタートし、以後５年ごとに行なわれ、平成30年（２０１８年）住宅・土地統計調査はその15回目に当たります。

全国の世帯の約15分の１の割合で無作為に抽出した方々へ調査を行なっています。

以下、総務省のホームページには、「具体的には、まず、全国を約50世帯ごとに細かく区切った区域（国勢調査で設定されている各地域）の中から、約22万地域を住宅・土地統計調査の調査地域として、総務省統計局がコンピュータによって無作為に選定します。次に、その調査地域内にある住戸（住宅及び住宅以外で人が居住している建物）の中から、統計理論に基づいて定めた方法により、調査対象となる住戸を無作為に選定します。このように選定された約３７０万の住戸とそこにお住まいの世帯が、調査の対象となりました」と記してあります。

２００３年の調査の際に、私の家と私の実家がともに、調査対象になったことがあります。いま考えると、同じときに対象となる確率はものすごく低いようです。

住宅・土地統計調査のデータは、総務省統計局のサイトのなかにあります。

この調査データを見ると、現在の日本における住まいのあり方、家族と住まいの関係など、住宅と土地のデータでありながら、わが国の社会状況を理解することができそうです。

住まいの実態をつかむことができるので、不動産投資・土地活用・賃貸住宅のこれからのありかたも見えてくると思います。

総務省統計局のサイトにも、膨大なデータがあります。データを見るのが好きな方だと、毎日見ていても飽きない量が公開されています。

地価関連のデータ

不動産投資の指標となるものはいろいろとありますが、不動産全体の大きな動きを見るためには、毎年3月下旬に発表される「**公示地価**」がいいでしょう。これは、国土交通省が地価公示法という法律に基づいて調査・発表します。各種の地価の基本となるものです。

また、相続税や贈与税は、土地活用をされる方に関心が高いと思われますが、その基準となるのが、地価のなかのひとつである「**路線価**」です。

路線価は国税庁が公表しているデータです。

また、資産評価システム研究センターのサイトでは、上記2つに加えて「**固定資産税評価額**」なども、同じサイト内で検索できて便利です。

中古市場から市況を読み解くことが大切

国土交通省は、「住宅市場の統計を拡充する一環として、「**中古住宅市場の取引動向**」について、2020年度中にも月単位の指数をつくる」と発表しました。

これまで新築住宅に関するデータは、月次で発表される住宅着工統計などがあり、充実していました。また、住宅市況全般をとらえた「**不動産価格指数**（住宅）」の公表も行なっていました。しかし、中古住宅の取引については、国土交通省からの月単位でのデータはありませんでした。総務省が主体で、5年ごとに調査・公表される「住宅・土地統計」などにはデータがありましたが、5年ごとですから、タイムリーな市況はつかみにくい状況でした。いま、研究段階で2020年度中には月次で公表される予定の「**中古住宅取引指数**」に期待が集まっています。

第2章でも述べたように、新築マンションの動向から不動産（住宅）市況を読み解くのはなかなかむずかしいものです。

というのも、たとえば、都心の超一等地で大きなタワーマンションが3棟建ったという年があれば、東京23区での新築マンション平均価格は上昇する可能性が高いし、逆に郊外や最近開発された海上埋め立てエリアで大量のマンション供給があれば、平均価格は下落する可能性が高まります。

新築マンション価格の推移を折れ線グラフで表記すると、上がったり下がったりのギザギザな形になることが多くなります。この傾向は供給戸数が少ない地方都市ではより顕著になります。長期的に見ると、ギザギザしながら、上昇しているという感覚はつかめますが、短期的な動きはわかりにくいものです。

一方、都市部において、中古マンション取引はエリアでの偏りは少なく、おおむねまんべんなくあり得ます。そのため、中古マンション取引価格の推移を折れ線グラフで表記すると、新築マンション価格に比べてギザギザは少なく上昇下落が見えやすくなる傾向にあります。しかし、中古住宅の取引は相対取引のため、その成約情報のすべてを入手することがむずかしく、平均価格の信頼性には疑問符が付きます。

こうしたことから、2020年度中に公表がスタートする「**中古住宅市況指数**」は、価格よりも、取引数に焦点を当てた算出方法になるようです。具体的には、登記情報をもとに算出されることが検討されています。新築物件も中古物件も取引が終わり、所有権が移転すると直ちに登記が行なわれます。登記を見れば、たいてい新築物件か中古物件かがわかります。この数量を調べることで、取引数量の変化がわかります。これを元に指数化するようです。

この指数の公表が始まると、タイムリーな中古住宅市況がわかるようになります。一般的に取引量が増えると価格は上昇可能性が高くなり、またその逆もいえます。

このように、新しい指数は、「売り時、買い時」がタイムリーにわかるものになりそうです。

不動産流通機構（レインズ）のデータ

不動産市況の全体感を知るデータとしては、中古不動産市場の動きが把握できる不動産流通機構（**レインズ**。ＲＥＩＮＳ＝Real Estate Information Network System）のデータが豊富に揃っていて見やすくなっています。東日本のデータを見る際は、「**東日本不動産流通機構**」で検索してみてください。

このなかにある、月例マーケットウォッチを見ると、不動産市況の現状がわかりやすく参考になります。また、レインズの成約データを集めたサイトでは、他のさまざまなデータも入手できます。

SECTION
8-2 不動産市況に関連する金融市況のデータ

住宅ローン金利と賃貸住宅ローン金利

不動産投資・土地活用として賃貸物件経営を行なう際には、ほとんどの方が、公的・民間金融機関からお金を借ります。

借入で不動産投資する場合の投資総額は、不動産価格（土地、建物、付帯）＋各種諸経費に加えて借り入れ（ローン）の利子分ということになります。

いうまでもありませんが、ローンの利子総額は、ローン金利と借り入れ年数により決まります。当然、賢く借りて、総額を少しでも少なく抑えることが重要になります。

ちなみに、金利は低ければ低いほどいいに越したことはありませんが、年数が短いことが「賢い借り方」とは一概にはいえません。「長く借りて、キャッシュフローをよくする」ほうが、不動産投資では良いとされているからです。

「金利は低いほうが良い」ということは誰もがそう考えます。そして、「史上最低水準のいまが、いちばんの借り時」という金融機関のアナウンスを、よく目にします。しかし、本当に「いまがいちばんの借り時」なのかどうかを見抜くことは、なかなかむずかしいものです。

では、どんなところに注目すれば、ローン金利の動きが見えるのでしょう？

金利の組み立てを大雑把にいうと、

金融機関の調達金利＋リスク上乗せ分（貸し倒れなど）＋金融機関の諸経費＋金融機関の利益

で表せます。

後ろの3つの部分は大きな変化はありませんから、金融機関の調達金利の違いが金利の違いとなります。

調達金利は、**日本国債金利**、**長期プライムレート**、**短期プライムレート**を見ていると大筋が見えてきます。

図表8－1は、2007年から2010年末までの「**10年物国債の金利**」です。国債の金利は、財

務省のホームページに掲載されています。

　マイナス０・０１％の国債とは、たとえば、「10年後に１万円もらえる券（国債）をいま、１万１００円で買う」という状況だったのです。これが、国債金利がマイナスという状態です。これに合わせた状況で、ローン金利も下がりました。

　各銀行のローン金利は店頭での表向きのものを記載しています。実際は、提携ローンと称してこれよりも低い金額で貸し出されていることが一般的です。**図表８－２**を見ると、固定金利のローン金利は、10年物国債の動きに連動しているといえそうです。

　また、ローン金利（変動金利）は、短期プライムレートに連動しているようです。「**短期プライムレート**」に先に述べた３つの項目分を上乗

図表8-1　10年国債利回りとTOPIXの推移

出所：日本銀行HP、東京証券取引所HPより作成

せして、たとえば、短期プライムレートが1・5%だとすると、そこに1%乗せて2・5%が店頭での金利で、そこから提携ローンと称して引くという仕立てです。

短期プライムレートは、日銀のサイトから知ることができます。

ローンの返済がどれくらいなのかは、専用のサイトがあり、そこに借り入れ金額、年数、金利、固定金利か変動金利か、などを入力すると簡単に計算できます。

いくつかサイトがありますが、一例として、**住宅保証機構**のサイトを挙げておきます。

図表8-2　各種金利の推移

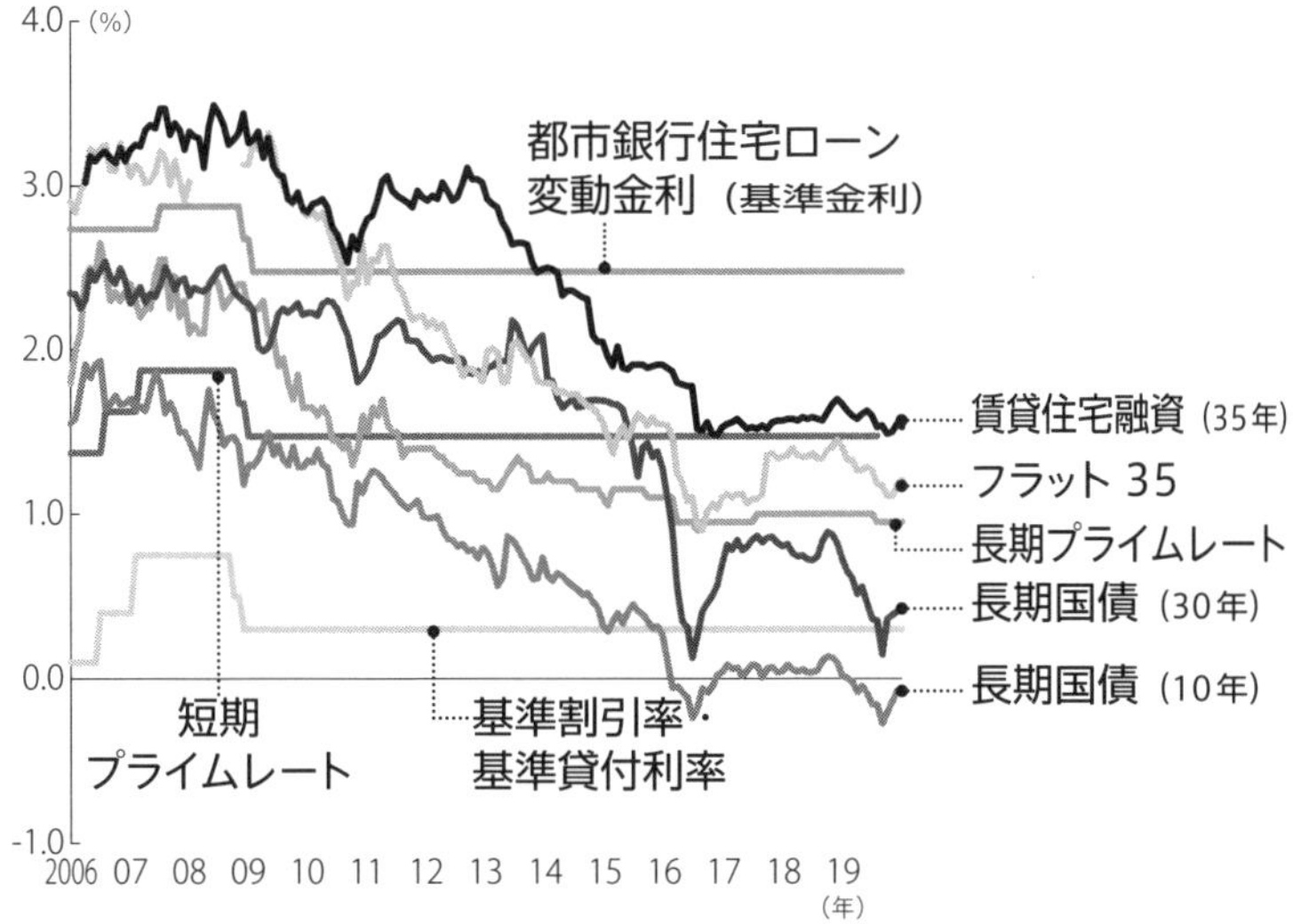

出所：各銀行のHPなどから作成

SECTION

8-3

不動産需要（とくに住宅需要）を予測するためのデータ

人口動態・予測

住宅需要だけでなく不動産需要の動向を把握する際の重要な指標としては、まず人口動態が挙げられます。さらに、住宅需要については、世帯数動態も重要となります。

「**人口**」や「**世帯数**」は、総務省のホームページを見ればいろいろと出ていますが、もっともポピュラーなものは、総務省が5年に一度調査する国勢調査です。

国勢調査は西暦で5の倍数ですので、現時点では2015年実施分が最新となります。

しかし、もう少し細かく見るならば、都道府県単位なら各都道府県のホームページを、区市町村単位なら区市町村のホームページを見れば、容易にデータが入手できます。

「**人口の予測**」「**世帯数の予測**」については、第5章でも述べた国立社会保障・人口問題研究所がデータを提供しており、同研究所のホームページから見ることができます。

流入人口

「流入人口」も不動産の動向を把握するうえで重要な指標のひとつです。たいていの各都道府県、市町村が毎年公表しており、各自治体のホームページ内にある「統計」のページから入手できます。また、総務省のホームページからは、都道府県や県庁所在地（あるいは主要大都市）の人口動態も入手できます。総務省データは、総務省が5年に一度行なう「国勢調査」が基になっています。人口の増減については総務省・都道府県とも注視しており、そのデータは充実しています。

人口の増減には2つのパターンあります。

第一は自然増減と呼ばれるもので、出生数と死亡数の差（出生数－死亡数）がそれに該当します。近年の傾向としては少子化が進む一方、長寿化が進んでいるため、この数字はマイナスになっている都道府県が増えています。

第二は、社会増減と呼ばれるもので、転入数と転出数の差（転入数－転出数）です。こちらは、東京をはじめとしたいくつかの都府県はプラスですが、多くの道府県はマイナスとなっています。つまり地方から東京を中心とした大都市圏に人口がシフトしていることがわかります。

各県別の年毎の転入数、転出数、それらの差である転入超過数のデータは、総務省のホームページから入手できます。

人口の移動は、とくに賃貸住宅経営では重要な視点です。移動した人たちの多くは、新しく転居した場所で賃貸住宅に住むことが多いからです。家を建てて引っ越すケースもありますが、多いのは進学、就職、転勤などに伴って転居するケースです。こうした人たちの大半は、賃貸住宅に住むのが一般的です。

図表8－3は、1998～2014年の有効求人倍率と転入数の変化を重ねたものですが、ほぼ同じような傾向で推移していることがわかります。大学などへの進学の数は毎年、それほど大きな変化はありませんので、転入数の変化は、求人数と密接な関係がありそうです。

図表8-3　日本人転入超過数と有効求人倍率の推移（東京都）

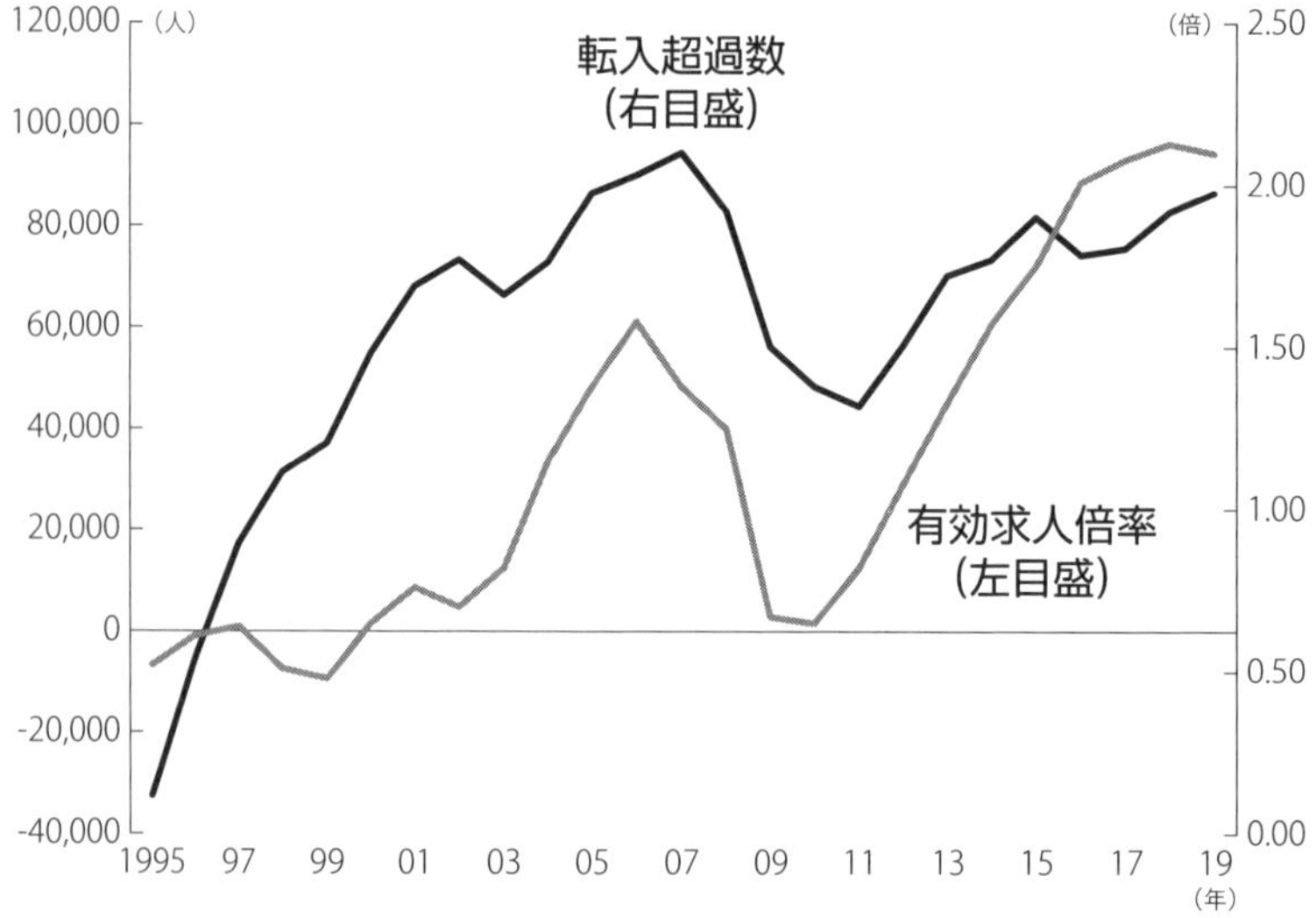

出所：総務省「住民基本台帳人口移動報告」、厚生労働省「一般職業紹介状況」より作成

あとがき

2012年春、『大激変　2020年の住宅・不動産市場』という書籍を上梓しました。それから8年。その2020年の春に本書が世に出ることになったことに不思議な縁を感じます。

書店に行くと、「○○大家さんの成功法則」といった実践に基づいたノウハウ本が多くあります。しかし、こうした書籍を読むだけでは、不動産市況・不動産投資の概要はつかめないと思っていました。

そのため、今回の出版のお話をいただいたときには、読者の方に「不動産市況を論理的に分析する」「不動産投資を金融資産として分析する」というような、一見むずかしい内容を、平易な言葉で表現してみたいと思って本書を執筆しました。

約250ページに及ぶ書籍を完成させるには、多くの方々の協力が必要でした。出版に携わっていただいたすべての方々に感謝を申し上げます。

校了5日前、出版社の一室にて

INDEX

― 索引 ―

吉崎誠二（よしざき　せいじ）
不動産エコノミスト。不動産関連企業コンサルタント。1971年6月30日生まれ。早稲田大学大学院ファイナンス研究科修了。立教大学博士前期課程修了。1997年船井総合研究所入所。2004年Real Estateビジネスチームを創設、責任者に就任。2007年船井総合研究所上席コンサルタントに就任。2012年同社退社。2013年株式会社ディー・サインに取締役として参画し、ディー・サイン不動産研究所所長に就任。2016年一般社団法人住宅・不動産総合研究所理事長に就任。著書に『大激変　2020年の住宅・不動産市場』（共著、朝日新聞出版）、『「消費マンション」を買う人　「資産マンション」を選べる人』（青春新書）などがある。

「不動産《ふどうさん》サイクル理論《りろん》」で読《よ》み解《と》く
不動産投資《ふどうさんとうし》のプロフェッショナル戦術《せんじゅつ》

2020年３月20日　初版発行

著　者　吉崎誠二
発行者　杉本淳一

発行所　株式会社日本実業出版社　東京都新宿区市谷本村町3-29　〒162-0845
大阪市北区西天満６－８－１　〒530-0047
編集部　☎03-3268-5651
営業部　☎03-3268-5161　振　替　00170-1-25349
https://www.njg.co.jp/

印刷・製本／三晃印刷

この本の内容についてのお問合せは、書面かFAX（03－3268－0832）にてお願い致します。
落丁・乱丁本は、送料小社負担にて、お取り替え致します。

ISBN 978-4-534-05769-3　Printed in JAPAN